Bibliothèque des " Temps Nouveaux "

Joseph DÉJACQUES

L'HUMANISPHÈRE

N° 14 — Prix : Un Franc

ADMINISTRATION
51, rue des Eperonniers,
BRUXELLES

QUELQUES MOTS D'AVERTISSEMENT.

Le but de notre Société des TEMPS NOUVEAUX est de publier tous les ouvrages qui ont eu leur part d'influence dans le développement de l'idéal anarchique. A ce titre, l'HUMANISPHÈRE de Déjacque est une des œuvres qui méritent le plus d'être placées dans notre bibliothèque.

En effet, Déjacque fut un anarchiste de la veille, un anarchiste avant le nom ; depuis les journées de juin, où il combattit au rang des insurgés, et sans doute bien auparavant, quoiqu'il ne soit connu que dès cette époque, il ne cessa de protester par les paroles et par les actes contre la réaction bourgeoise ; il comprenait qu'une république ainsi dirigée devait fatalement aboutir au Coup d'État. Exilé alors, non sans avoir connu les procès politiques, la prison, les persécutions de toute sorte, il continua dans les journaux anglais, belges, américains, à défendre les idées libertaires, n'hésitant pas à contredire, en d'ardentes polémiques, ses frères proscrits, Ledru-Rollin, Proudhon même, auquel il ne pardonnait pas d'exclure la femme de la cité anarchique.

Il était poète et ses vers, d'une âpre éloquence, n'avaient, comme sa prose, d'autre but que la propagande révolutionnaire à laquelle il consacrait tout le produit de son travail. Ce fut pendant les années 1858 et 1859 qu'il publia l'HUMANISPHERE « UTOPIE ANARCHISTE », dans *le Libertaire, journal du Mouvement Social*, qui paraissait à New-York, édité, rédigé, administré, expédié par le seul Déjacque. On y trouve de nombreux articles très intéressants de propagande et de principes, ainsi que de remarquables poésies empreintes d'un idéal élevé de justice et de liberté.

Le temps ne nous paraît pas encore être venu de publier l'HUMANISPHERE en son entier. L'édition actuelle présentera quelques omissions, par la raison très simple que certains passages risqueraient d'être faussement interprétés ; sans parler de ceux qui lisent avec le parti-pris de trouver dans les ouvrages le mal qu'ils y cherchent, tous les lecteurs n'ont pas cette belle philosophie qui permet de comprendre de très haut la pensée d'autrui, tout en gardant la sérénité de la sienne. Un jour viendra où l'œuvre de Déjacque sera librement publiée jusqu'à la dernière ligne.

L'Humanisphère

UTOPIE : «*Rêve non réalisé, mais non pas irréalisable*».

ANARCHIE : « *Absence de gouvernement* ».

Les révolutions sont des conservations.
(P.-J. PROUDHON)

*Il n'y a de vraies révolutions que les révolu-
tions d'idées.* (JOUFFROY)

Faisons des mœurs et ne faisons plus de lois.
(EMILE DE GIRARDIN)

*Réglez vos paroles et vos actions comme devant
être jugées par la loi de la liberté.* . . .

*Tenez-vous donc fermes dans la liberté à l'égard
de laquelle le Christ vous a affranchis et ne
vous soumettez plus au joug de la servitude.
Car nous n'avons pas à combattre contre le
SANG et la CHAIR, mais contre les «princi-
pautés», contre les «puissances», contre les
«seigneurs du monde», gouverneurs des
ténèbres de ce siècle.*
(L'apôtre SAINT-PAUL)

Ce livre n'est point une œuvre littéraire,
c'est une œuvre INFERNALE, le cri d'un esclave
rebelle.

Comme le mousse de la SALAMANDRE, ne pouvant, dans ma faiblesse individuelle, terrasser

tout ce qui, sur le navire de l'ordre légal, me domine et me maltraite, — quand ma journée est faite dans l'atelier, quand mon quart est fini sur le pont, je descends nuitamment à fond de cale, je prends possession de mon coin solitaire; et, là, des dents et des ongles, comme un rat dans l'ombre, je gratte et je ronge les parois vermoulues de la vieille société. Le jour, j'utilise encore mes heures de chômage, je m'arme d'une plume comme d'une vrille, je la trempe dans le fiel en guise de graisse, et, petit à petit, j'ouvre une voie chaque jour plus grande au flot novateur, je perfore sans relâche la carène de la Civilisation. Moi, infime prolétaire, à qui l'équipage, horde d'exploiteurs, inflige journellement le supplice de la misère aggravée des brutalités de l'exil ou de la prison, j'entr'ouvre l'abîme sous les pieds de mes meurtriers, et je passe le baume de la vengeance sur mes cicatrices toujours saignantes. J'ai l'œil sur mes maîtres. Je sais que chaque jour me rapproche du but; qu'un formidable cri, — le sinistre SAUVE QUI PEUT! — va bientôt retentir au plus fort de leur joyeuse ivresse. RAT-DE-CALE, je prépare leur naufrage; ce naufrage peut seul mettre fin à mes maux comme aux maux de mes semblables. Vienne la révolution, les souffreteux n'ont-ils pas, pour biscuit, des idées en réserve, et, pour planche de salut, le socialisme!

Ce livre n'est point écrit avec de l'encre ; ses pages ne sont point des feuilles de papier.

Ce livre, c'est de l'acier tourné en in-8° et chargé de fulminate d'idées. C'est un projectile autoricide que je jette à mille exemplaires sur le pavé des civilisés. Puissent ses éclats voler au loin et trouer mortellement les rangs des préjugés. Puisse la vieille société en craquer jusque dans ses fondements !

. . . .
. . . .
. . . .
. . . .
. . . .
. . . .
. . . .
. . . .
. . . .
. . . .
. . . .

C'est qu'aujourd'hui, sachez-le, sous leur carcan de fer, sous leur superficielle torpeur, les multitudes sont composées de grains de poudre ; les fibres des penseurs en sont les capsules. Aussi, n'est-ce pas sans danger qu'on écrase la liberté sur le front des sombres foules. Imprudents réacteurs ! — Dieu est Dieu, dites-vous. Oui, mais Satan est Satan !... Les élus du veau-d'or sont peu nombreux, et l'enfer regorge de damnés. Aristocrates, il ne faut

pas jouer avec le feu, le feu de l'enfer, entendez-vous !...

Ce livre n'est point un écrit, c'est un acte.
Il n'a pas été tracé par la main gantée d'un
fantaisiste ; il est pétri avec du cœur et de la
logique, avec du sang et de la fièvre. C'est un
cri d'insurrection, un coup de tocsin tinté avec
le marteau de l'idée à l'oreille des passions po-
pulaires. C'est de plus un chant de victoire,
une salve triomphale, la proclamation de la
souveraineté individuelle, l'avènement de l'u-
niverselle liberté ; c'est l'amnistie pleine et entière des peines autoritaires du passé par décret
anarchique de l'humanitaire Avenir.

Ce livre, c'est de la haine, c'est de l'amour !...

Préface

La science sociale procède par inductions et par déductions, par analogie. C'est par une série de comparaisons qu'elle arrive à la combinaison de la vérité.

Je procéderai donc par analogie.

Je tâcherai d'être laconique. Les gros volumes ne sont pas ceux qui en disent le plus. De préférence aux longues dissertations, aux pédagogies classiques, j'emploierai la phrase imagée, elle a l'avantage de pouvoir dire beaucoup en peu de mots.

Je suis loin d'avoir la science infuse. J'ai lu un peu, observé davantage, médité beaucoup. Je suis, je crois, malgré mon ignorance dans un des milieux les plus favorables pour résumer les besoins de l'humanité. J'ai toutes les passions, bien que je ne puisse les satisfaire, celle de l'amour et celle de la haine, la passion de l'extrême luxe et celle de l'extrême simplicité. Je comprends tous les appétits, ceux du cœur et du ventre, ceux de la chair et de l'esprit. J'ai du goût pour le pain blanc et même aussi pour le pain noir, pour les discussions orageuses et aussi pour les douces causeries. Toutes les soifs physiques et morales je les connais, j'ai l'intuition de toutes les ivresses; tout ce qui surexcite ou qui calme a pour moi des séductions : le café et la poésie, le champagne et l'art, le vin et le tabac, le miel et le lait, les spectacles, le tumulte et les lumières, l'ombre, la solitude et l'eau pure. J'aime le travail, les forts labeurs; j'aime aussi les loisirs, les molles paresses. Je pourrais vivre de peu et me trouver riche, consommer énormément et me trouver pauvre. J'ai regardé par le trou de la serrure dans la vie privée de l'opulence, je connais ses serres-chaudes et ses salons somptueux; et je connais aussi par expérience le froid et la misère. J'ai eu des indigestions et j'ai eu faim. J'ai mille caprices et pas une jouissance. Je suis susceptible de commettre parfois ce que l'argot des civilisés flétrit du nom de vertu, et le plus souvent encore ce qu'il honore du nom de crime. Je suis l'homme le plus vide de préjugés et le plus rempli de passions que je connaisse ; assez orgueilleux pour n'être point vaniteux, et trop fier pour être hypocritement modeste. Je n'ai qu'un visage, mais ce visage est mobile comme la physionomie de l'onde ; au moindre souffle, il passe

d'une expression à une autre, du calme à l'o-
rage et de la colère à l'attendrissement. C'est
pourquoi, passionnalité multiple, j'espère trai-
ter avec quelque chance de succès de la société
humaine, attendu que, pour en bien traiter, ce-
la dépend autant de la connaissance qu'on a
des passions de soi-même, que de la connais-
sance qu'on a des passions des autres.

Le monde de l'anarchie n'est pas de mon in-
vention, certes, pas plus qu'il n'est de l'inven-
tion de Proudhon ni de Pierre ni de Jean.
Chacun en particulier n'invente rien. Les
inventions sont le résultat d'observations col-
lectives ; c'est l'explication d'un phénomène,
une égratignure faite au colosse de l'inconnu,
mais c'est l'œuvre de tous les hommes et de
toutes les générations d'hommes liés ensemble
par une indissoluble solidarité. Or, s'il y a in-
vention, j'ai droit tout au plus à un brevet de
perfectionnement. Je serais médiocrement flat-
té que de mauvais plaisants voulussent m'ap-
pliquer sur la face le titre de chef d'école. Je
comprends qu'on expose des idées se rappro-
chant ou s'éloignant plus ou moins des idées
connues. Mais ce que je ne comprends pas c'est
qu'il y ait des hommes pour les accepter servi-
lement, pour se faire les adeptes quand même
du premier penseur venu, pour se modeler sur
ses manières de voir, le singer dans ses moin-
dres détails et endosser, comme un soldat ou

un laquais, son uniforme ou sa livrée. Tout au moins ajustez-les à votre taille ; rognez-les ou élargissez-les, mais ne les portez pas tels quels, avec des manches trop courtes ou des pans trop longs. Autrement ce n'est pas faire preuve d'intelligence, c'est peu digne d'un homme qui sent et qui pense, et puis c'est ridicule.

L'autorité aligne les hommes sous ses drapeaux par la discipline, elle les y enchaîne par le code de l'orthodoxie militaire, l'obéissance passive ; sa voix impérieuse commande le silence et l'immobilité dans les rangs, l'autocratique fixité.

La Liberté rallie les hommes à sa bannière par la voix du libre examen ; elle ne les pétrifie pas sur la même ligne. Chacun se range où il lui plaît et se meut comme il l'entend. La Liberté n'enrégimente pas les hommes sous la plume d'un chef de secte : elle les initie au mouvement des idées et leur inculque le sentiment de l'indépendance active. L'autorité, c'est l'unité dans l'uniformité ! La Liberté, c'est l'unité dans la diversité. L'axe de l'autorité, c'est la knout-archie. L'anarchie est l'axe de la liberté.

Pour moi, il s'agit bien moins de faire des disciples que de faire des hommes, et l'on n'est homme qu'à la condition d'être soi. Incorporons-nous les idées des autres et incarnons nos

idées dans les autres; mêlons nos pensées, rien
de mieux; mais faisons de ce mélange une conception désormais nôtre. Soyons une œuvre
originale et non une copie. L'esclave se modèle
sur le maître, il imite. L'homme libre ne produit que son type, il crée.

Mon plan est de faire un tableau de la société telle que la société m'apparait dans l'avenir:
la liberté individuelle se mouvant anarchiquement dans la communauté sociale et produi-
sant l'harmonie.

Je n'ai nullement la prétention d'imposer
mon opinion aux autres. Je ne descends pas
du nuageux Sinaï. Je ne marche pas escorté
d'éclairs et de tonnerres Je ne suis pas en-
voyé par l'autocrate de tous les univers pour
révéler sa parole à ses très-humbles sujets et
publier l'ukase impérial de ses commande-
ments. J'habite les gouffres de la société ; j'y ai
puisé des pensées révolutionnaires, et je les é-
panche au dehors en déchirant les ténèbres. Je
suis un chercheur de vérités, un coureur de
progrès, un rêveur de lumières. Je soupire a-
près le bonheur et j'en évoque l'idéal. Si cet
idéal vous sourit, faites comme moi, aimez-le.
Si vous lui trouvez des imperfections, corri-
gez-les. S'il vous déplait ainsi, créez-vous en
un autre. Je ne suis pas exclusif, et j'abandon-
nerai volontiers le mien pour le vôtre, si le
vôtre me semble plus parfait. Seulement, je ne

vois que deux grandes figures possibles ; on peut en modifier l'expression, il n'y a pas à en changer les traits : c'est la liberté absolue ou l'autorité absolue. Moi, j'ai choisi la liberté. L'autorité, on l'a vue à l'œuvre, et ses œuvres la condamnent. C'est une vieille prostituée qui n'a jamais enseigné que la dépravation et n'a jamais engendré que la mort. La liberté ne s'est encore fait connaître que par son timide sourire. C'est une vierge que le baiser de l'humanité n'a pas encore fécondée ; mais, que l'homme se laisse séduire par ses charmes, qu'il lui donne tout son amour, et elle enfantera bientôt des générations dignes du grand nom qu'elle porte.

Infirmer l'autorité et critiquer ses actes ne suffit pas. Une négation, pour être absolue, a besoin de se compléter d'une affirmation. C'est pourquoi j'affirme la liberté, pourquoi j'en déduis les conséquences.

Je m'adresse surtout aux prolétaires, et les prolétaires sont pour la plupart encore plus ignorants que moi ; aussi, avant d'en arriver à faire l'exposé de l'ordre anarchique, peinture qui sera pour ce livre le dernier coup de plume de l'auteur, il est nécessaire d'esquisser l'historique de l'Humanité. Je suivrai donc sa marche à travers les âges dans le passé et dans le présent et je l'accompagnerai jusque dans l'avenir.

Dans cette esquisse j'ai à reproduire un sujet touché de main de maître par un grand artiste en poésie. Je n'ai pas son travail sous la main ; et l'eussé-je, je relis rarement un livre, je n'en ai guère le loisir ni le courage. Ma mémoire est toute ma bibliothèque, et ma bibliothèque est souvent bien en désordre. S'il m'échappait des réminiscences, s'il m'arrivait de puiser dans mes souvenirs, croyant puiser dans mon propre fonds, je déclare du moins que ce serait sans le savoir et sans le vouloir. J'ai en horreur les plagiaires. Toutefois, je suis aussi de l'avis d'Alfred de Musset, je puis penser ce qu'un autre a pensé avant moi. Je désirerais une chose, c'est que ceux qui n'ont pas lu le livre d'Eugène Pelletan, LE MONDE MARCHE, voulussent bien le lire avant de continuer la lecture du mien. L'œuvre du brillant écrivain est tout un musée du règne de l'humanité jusqu'à nos jours, magnifiques pages qu'il est toujours bon de connaître, et qui seront d'un grand secours à plus d'un civilisé, accoudé devant mon ouvrage, non-seulement pour suppléer à ce qu'il y manque, mais encore pour aider à en comprendre les ombres et les clairs.

Et maintenant, lecteur, si tu veux faire route avec moi, fais provision d'intelligence, et en marche !

QUESTION GÉOLOGIQUE

« Si on leur dit (aux civilisés) que notre tourbillon d'environ deux cents comètes et planètes est l'image d'une abeille occupant une
alvéole dans la ruche ; que les autres étoiles
fixes, entourées chacune d'un tourbillon, fi-
gurent d'autres planètes, et que l'ensemble
de ce vaste univers n'est compté à son tour
que pour une abeille dans une ruche formée
d'environ cent mille univers sidéraux, dont
l'ensemble est un BINIVERS, qu'ensuite viennent les TRINIVERS formés de plusieurs milliers de binivers et ainsi de suite ; enfin, que
chacun de ces univers, binivers, trinivers
est une créature ayant comme nous son â-
me, ses phases de jeunesse et vieillesse,
mort et naissance......; ils ne laisseront pas
achever ce sujet, ils crieront à la démence,
aux rêveries gigantesques ; et pourtant ils
posent en principe l'analogie universelle ! »

(CH. FOURIER)

On connait la physionomie de la Terre, sa
conformation externe. Le crayon, le pinceau,
la plume en ont retracé les traits. Les toiles
des artistes et les livres des poètes l'ont prise
à son berceau et nous l'ont fait voir enveloppée
d'abord des langes de l'inondation, toute molle encore et avec la teigne des premiers jours ;
puis se raffermissant et se couvrant d'une chevelure végétative, animant ses sites, s'embel-
lissant au fur et à mesure qu'elle avançait dans
la vie.

On connait aussi sa conformation interne, sa physiologie; on a fait l'anatomie de ses entrailles. Les fouilles ont mis à nu sa charpente osseuse à laquelle on a donné le nom de minéral ; ses artères, où l'eau circule, ses intestins enduits d'une mucosité de feu.

Mais son organisme psychologique, qui s'en est occupé ? Personne. Où est chez elle le siège de la pensée ? où est placé son cerveau ? On l'ignore. Et cependant les globes, pour être d'une nature différente de la nôtre, n'en sont pas moins des êtres mouvants et pensants. Ce que nous avons pris jusqu'ici pour la surface de la terre, en est-il bien réellement la surface ? Et en la dépouillant, en la scalpant des atmosphères qui l'enveloppent, ne mettons-nous pas à vif sa chair et ses fibres, ne lui entamons-nous pas le cervelet jusqu'à la moëlle, ne lui arrachons-nous pas les os avec la peau ?

Qui sait si, pour le globe terrestre qui, lui aussi, est un être animé et dont l'étude zoologique est si loin d'être achevée, qui sait si l'humanité n'est pas la matière de sa cervelle ! Si l'atôme humain n'est pas l'animalcule de la pensée, la molécule de l'intelligence planétaire fonctionnant sous le vaste crâne de ses cer-

cles atmosphériques? Connaît-on quelque chose à la nature de ses sens intimes ? Et qu'y
aurait-il d'étrange à ce que toutes nos actions
sociales, fourmillement de sociétés homoncu-
laires, fussent les idées ou les rêves qui peu-
plent d'un pôle à l'autre le front du globe ?

Je ne prétends pas résoudre de prime abord
la question, l'affirmer ou l'infirmer absolument. Je n'ai certainement pas assez médité
sur ce sujet. Seulement, je pose la chose sous
forme interrogative, afin de provoquer des re-
cherches, une réponse. Cette réponse peut-être
bien la ferai-je moi-même. Il ne me paraît pas
sans intérêt de s'occuper de l'organisme intellectuel de l'être au sein duquel nous avons pris
naissance, pas plus qu'il ne me paraît sans intérêt de s'occuper de son organisme corporel.
Pour qui veut étudier la zoologie des êtres,
animaux ou planètes, la psychologie est insé-
parable de la physiologie.

Ce prologue terminé, laissons la terre rouler
sur son axe et graviter vers son soleil, et occu-
pons-nous du mouvement de l'humanité et de
sa gravitation vers le progrès.

MOUVEMENT DE L'HUMANITÉ !

I

Un crétin ! c'est-à-dire un pauvre être dépri-
mé, craintif et nain ; une matière qui se
meut ou un homme qui végète, une créature disgraciée qui se gorge de végétaux a-
queux, de pain noir et d'eau crue ; — nature
sans industrie, sans idées, sans passé, sans
avenir, sans forces ; — infortune qui ne reconnaît pas ses semblables, qui ne parle
pas, qui reste insensible au monde extérieur, qui naît, croit et meurt à la même
place, misérable comme l'amer lichen et les
chênes noueux.

Oh ! c'est un affreux spectacle que de voir
l'homme ainsi accroupi dans la poussière,
la tête inclinée vers le sol, les bras pen-
dants, le dos courbé, les jambes fléchies, les
yeux clairs ou ternes, le regard vague ou
effrayant de fixité, sachant à peine tendre la
main au passant ; — avec des joues infil-
trées, de longs doigts et de longs pieds, des
cheveux hérissés comme le pelage des fauves, un front fuyant ou rétréci, une tête
aplatie, et une face de singe.

Que notre corps est imperceptible au milieu
de l'univers, s'il n'est pas grandi par notre
savoir ! Que les premiers hommes étaient
tremblants en face des eaux débordées et
des pierres rebelles ! Comme les grandes

Alpes rapetissent le montagnard du Valais !
Comme il rampe lentement, de leurs pieds
à leurs têtes, par des sentiers à peine prati-
cables ! On dirait qu'il a peur d'éveiller des
colères souterraines. Ver de terre, ignorant,
esclave, crétin, l'homme serait tout cela aujourd'hui s'il ne s'était jamais révolté contre la force. Et le voilà superbe, géant,
Dieu, parce qu'il a tout osé !

Et l'homme lutterait encore contre la Révolution ! Le fils maudirait sa mère, Moïse,
sauvé des eaux, renierait la noble fille de
Pharaon ! Cela ne peut pas être. Au Dieu
du ciel, à la Fatalité, la Foudre aveugle ;
au Dieu de la terre, à l'homme libre, la
Révolution qui voit clair. Feu contre feu,
éclairs contre éclairs, déluge contre déluge,
lumière contre lumière. Le ciel n'est pas
si haut que nous ne puissions déjà le voir ;
et l'homme atteint tôt ou tard tout ce qu'il
convoite !

(Ernest COEURDEROY)

«Le monde marche.»

(E. PELLETAN)

Le monde marche, comme dit Pelletan, belle plume, mais plume bourgeoise, plume gi-
rondine, plume de théocrate de l'intelligence.
Oui, le monde marche, marche et marche-
encore. D'abord il a commencé par ramper, la
face contre terre, sur les genoux et les coudes,
fouillant avec son groin la terre encore dé-
trempée d'eau diluvienne, et il s'est nourri
de tourbe. La végétation lui souriant, il s'est
soulevé sur ses mains et sur ses pieds, et il a
brouté avec le muffle les touffes d'herbes et
l'écorce des arbres. Accroupi au pied de l'ar-

bre dont le haut jet sollicitait ses regards, il a osé lever la tête ; puis il a porté les mains à la hauteur de ses épaules, puis enfin il s'est dressé sur ses deux pieds, et, du haut de sa stature, il a dominé du poids de sa prunelle tout ce qui le dominait l'instant d'auparavant. Alors, il a eu comme un tressaillement de fierté, lui, encore si faible et si nu. C'est qu'il venait de s'initier à la hauteur de sa taille corporelle. C'est que le sang qui, dans l'allure horizontale de l'homme (1), lui bourdonnait dans les oreilles, et l'assourdissait, lui injectait les yeux et l'aveuglait, lui inondait le cerveau et l'assourdissait, ce sang, reprenant son niveau, comme, après le déluge, les eaux fluviales, les eaux océanides, ce sang venait refluer dans ses artères naturelles par la révolution de l'horizontalité à la verticalité humaine, débarras-

---

(1) Quand je dis « l'homme », il est bien entendu que je n'entends pas parler de cet être masculin seulement, mais de l'un comme de l'autre sexe, de l'être humain dans le sens le plus complet. C'est une observation que je fais une fois pour toutes au lecteur. Pour moi, l'humanité est l'humanité ; je n'établis aucune distinction hiérarchique entre les sexes et les races, entre les hommes et les femmes, entre les noirs et les blancs. La différence dans l'organisme sexuel pas plus que la différence dans la couleur de l'épiderme ne saurait être un signe de supériorité ou d'infériorité. Autant vaudrait dire, parce qu'il y a des hommes dont les cheveux sont blonds et d'autres dont les cheveux sont bruns, que cela constitue deux espèces dans l'humanité et qu'il y a lieu d'affirmer la supériorité des bruns sur les blonds. « L'égalité n'est pas l'uniformité ».

sant son front d'une tempe à l'autre, et découvrant, pour la fécondation, le limon de toutes les semences intellectuelles.

Jusque là l'animal humain n'avait été qu'une brute entre les brutes ; il venait de se révéler homme. La pensée s'était fait jour ; elle était encore à l'état de germe, mais le germe contenait les futures moissons... L'arbre à l'ombre duquel l'homme s'était dressé portait des fruits ; il en prit un avec la main, la main... cette main qui jusqu'alors n'avait été pour lui qu'une patte et ne lui avait servi à autre chose qu'à se traîner, à marcher, maintenant elle va devenir le signe de sa royale animalité, le sceptre de sa terrestre puissance. Ayant mangé les fruits à sa portée, il en aperçoit que son bras ne peut atteindre. Alors, il déracine une jeune pousse, il allonge au moyen de ce bâton son bras à la hauteur du fruit et le détache de sa branche. Ce bâton lui servira bientôt pour l'aider dans sa marche, pour se défendre contre les bêtes fauves ou pour les attaquer. Après avoir mordu au fruit, il veut mordre à la chair : et le voilà parti à chasser ; et comme il a cueilli la pomme, le voilà qui tue le gibier. Et il se fait une fourrure avec des peaux de bêtes, un gite avec des branches et des feuilles d'arbres, ces arbres dont, hier, il broutait le tronc et dont il escalade aujourd'hui les plus hautes cimes pour y dénicher les œufs ou les petits des oiseaux. Ses yeux, qu'il tenait collés sur la croûte du sol, contemplent maintenant avec majesté l'azur et toutes les perles d'or de son splendide écrin. C'est sa couronne souveraine à lui, roi parmi tout ce qui respire, et à chacun de ces joyaux célestes, il donne un nom, une valeur astronomique. A l'instinct qui vagissait en lui a succédé l'intelligence qui balbutie encore et parlera demain. Sa langue s'est déliée comme sa main et toutes deux fonctionnent à la fois. Il peut converser avec ses semblables et joindre sa main à leur main, échanger avec eux des idées et des forces, des sensations et des sentiments. L'homme n'est plus seul, isolé, débile, il est une race ; il pense et il agit, et il participe par la pensée et par l'action à tout ce qui pense et agit chez les autres hommes. La solidarité s'est révélée à lui. Sa vie s'en est accrue : il vit non plus seulement dans son individu, non plus seulement dans la génération présente, mais dans les générations qui l'ont précédé, dans celles qui lui succèderont. Reptile à l'origine, il est devenu quadrupède, de quadrupède bipède, et, debout sur ses deux pieds, il marche, portant, comme Mercure, des ailes à la tête et aux talons. Par le regard et par la pensée, il s'élève comme l'aigle au-delà des nuages et plonge dans les profondeurs de l'infini ; les coursiers qu'il a domptés lui prêtent l'agilité de leurs jarrets pour franchir les terrestres espaces; les troncs d'arbres creusés le bercent sur les flots, des branches taillées en pagaies lui servent de nageoires. De simple brouteur il s'est fait chasseur, puis pasteur, agriculteur, industriel. La destinée lui a dit : Marche ! il marche, marche toujours. Et il a dérobé mille secrets à la nature ; il a façonné le bois, pétri la terre, forgé les métaux : il a mis son estampille sur tout ce qui l'entoure.

Ainsi l'homme-individu est sorti du chaos. Il a végété d'abord comme le minéral ou la plante, puis il a rampé ; il marche et aspire à la vie ailée, à une locomotion plus rapide et plus étendue. L'homme-humanité est encore un fœtus, mais le fœtus se développe dans l'organe générationnel, et après ses phases successives d'accroissement, il se fera jour, se dégagera enfin du chaos et, de gravitation en gravitation, atteindra la plénitude de ses facultés sociales.

II

— Dieu, c'est le Mal.
— La Propriété, c'est le Vol.
— L'Esclavage, c'est l'Assassinat.
                    P. J. PROUDHON.

La Famille, c'est le Mal, c'est le Vol, c'est
l'Assassinat.

Tout ce qui fut devait être ; les récrimina-
tions n'y changeraient rien. Le passé est le
passé, et il n'y a à y revenir que pour en tirer
des enseignements pour l'avenir.

Aux premiers jours de l'être humain, quand
les hommes, encore faibles en force et en nombre, étaient dispersés sur le globe et végétaient
enracinés et clairsemés dans les forêts comme
des bluets dans les blés, les chocs, les froissements ne pouvaient guère se produire. Chacun
vivait à la commune mamelle, et la mamelle
produisait abondamment pour tous. Peu de
chose d'ailleurs suffisait à l'homme : des fruits
pour manger, des feuilles pour se vêtir ou s'a-
briter, telle était la faible somme de ses besoins. Seulement, ce que je constate, le point
sur lequel j'insiste, c'est que l'homme, à ses

débuts dans le monde, au sortir du ventre de la terre, à l'heure où la loi instinctive guide les premiers mouvements des êtres nouveau-nés, à cette heure où la grande voix de la nature leur parle à l'oreille et leur révèle leur destinée, cette voix qui indique aux oiseaux les aériens espaces, aux poissons les firmaments sous-marins, aux autres animaux les plaines et les forêts à parcourir ; qui dit à l'ours : tu vivras solitaire dans ton antre, à la fourmi : tu vivras en société dans la fourmil-lière ; à la colombe : tu vivras accouplée dans le même nid, mâle et femelle, aux époques d'a-mour ; — l'homme alors entendit cette voix lui dire : tu vivras en communauté sur la terre, libre et en fraternité avec tes semblables ; être social, la sociabilité grandira ton être ; repose où tu voudras ta tête, cueille des fruits, tue du gibier, fais l'amour, bois ou mange, tu es partout chez toi : tout t'appartient à toi comme à tous. Si tu voulais faire violence à ton pro-chain, mâle ou femelle, ton prochain te répon-drait par la violence, et, tu le sais, sa force est à peu près égale à la tienne ; donne car-rière à tous tes appétits, à toutes tes passions, mais n'oublie pas qu'il faut qu'il y ait harmonie entre tes forces et ton intelligence, entre ce qui te plaît à toi et ce qui plaît aux autres. Et, maintenant, va : la terre, à cette condition, sera pour toi le jardin des Hespérides.

Avant d'en arriver à la combinaison des races, la Terre, petite fille avide de jouer à la production, tailla et découpa dans l'argile, aux jours de sa fermentation, bien des monstres informes qu'elle chiffonna ensuite et déchira avec un tremblement de colère et un déluge de larmes. Tout travail exige un apprentissage. Et il lui fallut faire bien des essais défectueux avant d'en arriver à la formation d'êtres complets, à la composition des espèces. Pour l'espèce humaine, son chef-d'œuvre, elle eut le tort de comprimer un peu trop la cervelle et de donner un peu trop d'ampleur au ventre. Le développement de l'une ne correspondit pas au développement de l'autre. Il y eut fausse coupe, partant de la désharmonie. Ce n'est pas un reproche que je lui adresse. Pouvait-elle faire mieux ? Non. Il était dans l'ordre fatal qu'il en fût ainsi. Tout était grossier et sauvage autour de l'homme ; l'homme devait donc commencer par être grossier et sauvage ; une trop grande délicatesse de sens l'eût tué. La sensitive se replie sur elle-même quand le temps est à l'orage, elle ne s'épanouit que sous le calme et rayonnant azur.

Le jour vint donc où l'accroissement de la race humaine dépassa l'accroissement de son intelligence. L'homme, encore sur les limites de l'idiotisme, avait peu de rapport avec l'homme. Son hébétement le rendait farouche.

Son corps s'était bien, il est vrai, relevé de son abjection primitive ; il avait bien exercé l'adresse de ses muscles, conquis la force et l'agilité corporelle ; mais son esprit, un moment éveillé, était retombé dans sa léthargie embryonnaire et menaçait de s'y éterniser. La fibre intellectuelle croupissait dans ses langes. L'aiguillon de la douleur devenait nécessaire pour arracher le cerveau de l'homme à sa somnolence et le rappeler à sa destinée sociale. Les fruits devinrent plus rares, la chasse plus difficile : il fallut s'en disputer la possession. L'homme se rapprocha de l'homme, mais pour le combattre, souvent aussi pour lui prêter son appui. N'importe comment, il y eut contact. D'errants qu'ils étaient, l'homme et la femme s'accouplèrent ; puis il se forma des groupes, des tribus. Les groupes eurent leurs troupeaux, puis leurs champs, puis leurs ateliers. L'intelligence était désormais sortie de sa torpeur. La voix de la nécessité leur criait : marche! et ils marchaient. Cependant, tous ces progrès ne s'accomplirent pas sans déchirements. Le développement des idées était toujours en retard sur le développement des appétits. L'équilibre rompu une fois n'avait pu être rétabli. Le monde marchait ou plutôt oscillait dans le sang et les larmes. Le fer et la flamme portaient en tout lieu la désolation et la mort. Le fort tuait le faible ou s'en emparait. L'esclavage et l'oppression s'étaient attachés comme une lèpre aux flancs de l'humanité. L'ordre naturel périclitait.

Moment suprême, et qui devait décider pour une longue suite de siècles du sort de l'homme. Que va faire l'intelligence ? Vaincra-t-elle l'ignorance ? Va-t-elle délivrer les hommes du supplice de s'entre-détruire ? Les sortira-t-elle de ce labyrinthe où beuglent la peine et la faim ? Leur montrera-t-elle la route pavée d'instincts fraternels qui conduit à l'affranchissement, au bonheur général ? Brisera-t-elle les odieuses chaînes de la famille patriarcale ? Fera-t-elle tomber les barrières naissantes de la propriété ? Détruira-t-elle les tables de la loi, la puissance gouvernementale, cette arme à deux tranchants et qui tue ceux qu'elle doit protéger ? Fera-t-elle triompher la révolte toujours menaçante de la tyrannie toujours debout ? Enfin, — colonne lumineuse, principe de vie, — fondera-t-elle l'ordre anarchique dans l'égalité et la liberté ou, — urne funéraire, essence de mort, — fondera-t-elle l'ordre arbitraire dans la hiérarchie et l'autorité ? Qui aura le dessus, de la communion fraternelle des intérêts ou de leur division fratricide ? L'humanité va-t-elle donc périr à deux pas de son berceau ?

Hélas ! peu s'en fallut ! Dans son inexpérience, l'humanité prit du poison pour de l'élixir.

Elle se tordit alors dans des convulsions atroces. Elle ne mourut pas ; mais les siècles ont passé sur sa tête sans pouvoir éteindre les tourments dont elle est dévorée ; le poison lui brûle toujours les entrailles.

Ce poison, mélange de nicotine et d'arsenic, a pour étiquette un seul mot : *Dieu...*

Du jour où l'Homme eut avalé Dieu, le souverain maître ; du jour où il eut laissé pénétrer en son cerveau l'idée d'un élysée et d'un tartare, d'un enfer et d'un paradis outre-monde, de ce jour il fut puni par où il avait péché. L'autorité du ciel consacra logiquement l'autorité sur la terre. Le sujet de Dieu devint la créature de l'homme. Il ne fut plus question d'humanité libre, mais de maîtres et d'esclaves. Et c'est en vain que, depuis des mille ans, des légions de Christs moururent martyrisées pour le racheter de sa faute, pour ainsi dire originelle, et le délivrer de Dieu et de ses pompes, de l'autorité de l'Eglise et de l'Etat.

Comme le monde physique avait eu son déluge, alors le monde moral eut aussi le sien. La foi religieuse submergea les consciences, porta la dévastation dans les esprits et les cœurs. Tous les brigandages de la force furent légitimés par la ruse. La possession de l'homme par l'homme devint un fait acquis. Désormais la révolte de l'esclave contre le maître fut étouffée par le leurre des récompenses célestes ou des punitions infernales. La femme fut dégradée de ses titres à l'appellation humaine, déchue de son âme, et reléguée à tout jamais au rang des animaux domestiques. La sainte institution de l'autorité couvrit le sol de temples et de forteresses, de soldats et de prêtres, de glaives et de chaînes, d'instruments de guerre et d'instruments de supplice. La propriété, fruit de la conquête, devint sacrée pour les vainqueurs et les vaincus, dans la main insolente de l'envahisseur comme aux yeux clignotants du dépossédé. La famille, étagée en pyramide avec le chef à la tête, enfants, femme et serviteurs à la base, la famille fut cimentée et bénie, et vouée à la perpétuation du mal. Au milieu de ce débordement de croyances divines, la liberté de l'homme sombra, et avec elle l'instinct de revendication du droit contre le fait. Tout ce qu'il y avait de forces révolutionnaires, tout ce qu'il y avait d'énergie vitale dans la lutte du progrès humain, tout cela fut noyé, englouti; tout disparut dans les flots du cataclysme, dans les abîmes de la superstition.

Le monde moral, comme le monde physique, sortira-t-il un jour du chaos ? La lumière luira-t-elle au sein des ténèbres ? Allons-nous assister à une nouvelle genèse de l'humanité ? Oui, car l'idée, cette autre colombe qui erre à sa surface, l'idée qui n'a pas encore trouvé un coin de terre pour y cueillir une palme, l'idée voit le niveau des préjugés, des erreurs, des ignorances diminuer de jour en jour sous le ciel, — c'est-à-dire sous le crâne, — de l'intelligence humaine. Un nouveau monde sortira de l'arche de l'utopie. Et toi, limon des sociétés du passé, tourbe de l'Autorité, tu serviras à féconder la germinaison et l'éclosion des sociétés de l'Avenir et à illuminer à l'état de gaz le mouvement de la Liberté.

Ce cataclysme moral pouvait-il être évité ? L'homme était-il libre d'agir et de penser autrement qu'il n'a fait ? Autant vaudrait dire que la Terre était libre d'éviter le déluge. Tout effet a sa cause. Et... mais voici venir une objection que je vois poindre de loin, et que ne manque pas de vous poser en ricanant d'aise tout béat confesseur de Dieu :

— Vous dites, M. Dejacque, que tout effet a une cause. Très bien. Mais alors, vous reconnaissez Dieu, car enfin l'univers ne s'est pas créé tout seul ; c'est un effet, n'est-ce pas ? Et qui voulez-vous qui l'ait créé, si ce n'est Dieu?... Dieu est donc la cause de l'univers ? Ah ! ah ! vous voyez, je vous tiens, mon pauvre M. Dejacque ; vous ne pouvez pas m'échapper. Pas moyen de sortir de là.

— Imbécile ! Et la cause... de Dieu ?

— La cause de Dieu... la cause de Dieu... Dam ! vous savez bien que Dieu ne peut pas avoir de cause, puisqu'il est la cause première.

— Mais, espèce de brute, si tu admets qu'il y ait une cause première, alors il n'y en a plus du tout, et il n'y a plus de Dieu, attendu que si Dieu peut être sa propre cause, l'univers aussi peut-être la propre cause de l'univers. Cela est simple comme bonjour. Si au contraire tu affirmes avec moi que tout effet a sa cause, et que par conséquent il n'y a pas de cause sans cause, ton Dieu aussi doit en avoir une. Car pour être la cause dont l'univers est l'effet, il faut bien qu'il soit l'effet d'une cause supérieure. Au surplus, veux-tu que je te dise, la cause dont ton Dieu est l'effet n'est pas du tout d'un ordre supérieur ; elle est d'un ordre très-inférieur, bien plutôt; cette cause est tout simplement ton crétinisme. Allons, c'est assez m'interrompre. Silence ! et sache bien ceci dorénavant : c'est que tu n'est pas le *fils*, mais le *père* de Dieu.

Je disais donc que tout effet a sa cause. Seulement, cette cause est pour nous visible ou invisible, selon que notre vue ou notre pensée est plus ou moins parfaite, et notre vue ou notre pensée est un instrument d'optique bien grossier, bien incomplet.

Il n'est pas un être qui ne soit le jouet des circonstances, et l'homme comme les autres êtres. Il est dépendant de sa nature et de la nature des objets qui l'environnent ou, pour mieux dire, des êtres qui l'environnent, car tous ces objets ont des voix qui lui parlent et modifient constamment son éducation. Toute la liberté de l'homme consiste à satisfaire à sa nature, à céder à ses attractions. Tout ce qu'il est en droit d'exiger de ses semblables c'est que ses semblables n'attentent pas à sa liberté, c'est-à-dire à l'entier développement de sa nature. Tont ce que ceux-ci sont en droit d'exiger de lui, c'est qu'il n'attente pas à la leur. Dès ses premiers pas, l'homme ayant grandi prodigieusement en force et grandi aussi un peu en intelligence, bien que la proportion ne fût pas la même, et comparant ce qu'il était devenu avec ce qu'il avait été au berceau, l'homme eut alors un éblouissement, le vertige. L'orgueil est inné en lui. Ce sentiment l'a perdu; il le sauvera aussi. Le bourrelet de la création pesait à la tête de l'enfant humain. Il voulut s'en défaire. Et comme il avait déjà la connaissance de bien des choses, encore qu'il lui restât bien des choses à expérimenter ; comme il ne pouvait expliquer certains faits, et qu'il voulait quand même les expliquer, il ne trouva rien de mieux que de les expulser de l'ordre naturel et de les reléguer dans les sphères surnaturelles. Dans sa vaniteuse ignorance, l'enfant terrible a voulu jouer avec l'inconnu, il a fait un faux pas, et il est tombé la tête la première sur l'angle de l'absurdité. Mutinerie de bambin, blessure du jeune âge dont il portera longtemps la cicatrice !...

L'homme, — quel orgueil à la fois et quelle puérilité ! — l'homme a donc proclamé un Dieu, créateur de toutes choses, un Dieu imbécile et féroce, un Dieu à son image. C'est-à-dire qu'il s'est fait le créateur de Dieu. Il a pondu l'œuf, il l'a couvé et il s'est mis en adoration devant son poussin, — j'allais dire devant son excrément, — car il fallait que l'homme eût de bien violentes coliques de cerveau le jour où il a fait ses nécessités... d'une pareille sottise. Le poussin eut tout naturellement pour poulailler des temples, des églises. Aujourd'hui ce poussin est un vieux coq aux trois quarts déplumé, sans crête et sans ergots, une vieille carcasse tellement rabougrie que c'est à peine si cela mérite qu'on lui torde le cou pour la mettre dans la chaudière. La science lui a enlevé une à une toutes ses terribles attributions. Et les saltimbanques en soutanes, qui le promènent encore sur les champs de foire du monde, n'ont plus guère du Dieu tout puissant que l'image étalée sur les toiles de leur baraque. Et pourtant cette image est encore un loup-garou pour la masse de l'humanité. Ah ! si, au lieu de s'agenouiller devant elle, les fidèles de la divinité osaient la regarder en face, ils verraient bien que ce n'est pas un personnage réel, mais une mauvaise peinture, un peu de fard et de boue, un masque tout gras de sang et de sueurs, masque antique dont se couvrent les intrigants pour en imposer aux niais et les mettre à contribution.

Comme la religion, — la famille, la propriété et le gouvernement ont eu leur cause. Elle est également dans l'ignorance de l'homme. C'est une conséquence de la nature de son intelligence, plus paresseuse à éveiller que la nature de ses facultés physiques.

Chez les bêtes, selon que les petits ont plus ou moins longtemps besoin de soins, l'instinct de la maternité est plus ou moins développé et s'exerce d'une manière plus ou moins différente, selon la condition qui convient à l'espèce. La nature veille à la conservation des races. Parmi les animaux féroces, il n'en est pas qui vivent autrement qu'à l'état solitaire : la louve allaite ses louveteaux et cherche elle-même sa nourriture ; elle ne fait pas société avec le mâle ; sa forte individualité suffit à tout. L'amour maternel double ses forces. Chez l'oiseau, frêle et tendre créature, le rossignol, la fauvette, la mère couve au nid sa progéniture, le mâle va au dehors chercher la becquée. Il y a union entre les deux sexes jusqu'au jour où les fruits vivants de leur amour ont chaud duvet et fortes plumes, et qu'ils sont assez vigoureux pour fendre l'air à coups d'ailes et aller aux champs moissonner leur nourriture. Chez les insectes, la fourmi, l'abeille, races sociables, les enfants sont élevés en commun ; là le mariage individuel n'existe pas, la nation étant une seule et indivisible famille.

Le petit de l'homme, lui, est long à élever. La femelle humaine ne pouvait y suffire à elle seule, lui donner le sein, le bercer et pourvoir encore à ses besoins personnels. Il fallait que l'homme se rapprochât d'elle, comme l'oiseau de sa couvée, qu'il l'aidât dans les soins du ménage et rapportât à la hutte le boire et le manger.

L'homme fut souvent moins constant et plus brutal que l'oiseau, et la maternité fut toujours un fardeau plus lourd que la paternité.

Ce fut là le berceau de la famille.

A l'époque où la terre n'était qu'une immense forêt vierge, l'horizon de l'homme était des plus bornés. Celui-ci vivait comme le lièvre dans les limites de son gîte. Sa contrée ne s'étendait pas à plus d'une journée ou deux de marche. Le manque de communications rendait l'homme presque étranger à l'homme. N'étant pas cultivée par la société de ses semblables, son intelligence restait en friche. Partout où il put y avoir agglomération d'hommes les progrès de l'intelligence acquirent plus de force et plus d'étendue. L'homme émule de l'homme rassembla les animaux serviles, en fit un troupeau, les parqua. Il creusa le champ,

ensemença le sillon et y vit mûrir la moisson.
Mais bientôt du fond des forêts incultes appa-
rurent les hommes fauves que la faim faisait
sortir du bois. L'isolement les avait maintenus
à l'état de brutes ; le jeûne, sous le fouet duquel ils s'étaient rassemblés, les rendait féroces. Comme une bande de loups furieux, ils
passèrent au milieu de ce champ, massacrant
les hommes, violant, égorgeant les femmes,
détruisant la récolte et chassant devant eux
le troupeau. Plus loin, ils s'emparèrent du
champ, s'établirent dans l'habitation, et laissè-
rent la vie sauve à la moitié de leurs victimes
dont ils firent un troupeau d'esclaves. L'homme fut attelé à la charrue ; la femme eut sa place avec les poules ou à la porcherie, destinée
aux soins de la marmite ou à l'obscène appétit
du maître.

Ce vol à main armée par des violateurs et
des meurtriers, ce vol fut le noyau de la propriété.

Au bruit de ces brigandages, les producteurs
qui n'étaient pas encore conquis se massèrent
dans la cité, afin de se mieux protéger contre
les envahisseurs. A l'exemple des conquérants
dont ils redoutaient l'approche, ils nommèrent
un chef ou des chefs chargés d'organiser la force publique et de veiller à la sûreté des ci-
toyens. De même que les hordes dévastatrices
avaient établi des conventions qui réglaient la

part de butin de chacun ; de même aussi, ils établirent un système légal pour régler leurs différends et garantir à chacun la possession de l'instrument de travail. Mais bientôt les chefs abusèrent de leur pouvoir. Les travailleurs de la cité n'eurent plus seulement à se défendre contre les excès du dehors, mais aussi et encore contre les excès du dedans. Sans s'en douter, ils avaient introduit et installé l'ennemi au cœur de la place. Le pillage et l'assassinat avaient fait brèche et trônaient au milieu du forum, appuyés sur les faisceaux autoritaires. La république portait en ses entrailles son ver rongeur. Le gouvernement venait d'y prendre naissance.

Assurément, il eût été préférable que la famille, la propriété, le gouvernement et la religion ne fissent pas invasion dans le domaine des faits. Mais, à cette heure d'ignorance individuelle et d'imprévoyance collective, pouvait-il en être autrement ? L'enfance pouvait-elle n'être pas l'enfance ? La science sociale, comme les autres sciences, est le fruit de l'expérience. L'homme pouvait-il espérer que la nature bouleversât pour lui l'ordre des saisons, et qu'elle lui accordât la vendange avant la floraison de la vigne, et la liqueur de l'harmonie avant l'élaboration des idées.

A cette époque d'enfantement sauvage où la Terre portait encore sur la peau les stigmates

d'un accouchement pénible ; quand, roulant
dans ses draps souillés de fange, elle frisson-
nait encore au souvenir de ses douleurs, et
qu'à ses heures de fièvre, elle se tordait le
sein, se le déchirait, et faisait jaillir du cratè-e
de ses mamelles des flots de soufre et ce
feu ; que, dans ses terribles convulsions, elle
broyait, en riant d'un rire farouche, ses membres entre les rochers ; à cette époque toute
peuplée d'épouvantements et de désastres, de
rages et de difformités, l'homme, assailli par
les éléments, était en proie à toutes les peurs.
De toutes parts le danger l'environnait, le
harcelait. Son esprit comme son corps était en
péril ; mais avant tout il fallait s'occuper du
corps, sauver le globe charnel, l'étoile, pour
en conserver le rayonnement, l'esprit. Or, je
le répète, son intelligence n'était pas au niveau
de ses facultés physiques ; la force musculaire
avait le pas sur la force intellectuelle. Celle-ci,
plus lente à émouvoir que l'autre, s'était lais-
sée devancer par elle, et marchait à sa remorque. Un jour viendra où ce sera l'inverse, et
où la force intellectuelle dépassera en vitesse
la force physique ; ce sera le char devenu locomotive qui remorquera le bœuf. Tout ce qui
est destiné à acquérir de hautes cimes commence d'abord par étendre souterrainement
ses racines avant de croître à la lumière et d'y
épanouir son feuillage. Le chêne pousse moins

vite que l'herbe ; le gland est plus petit que la
citrouille ; et cependant le gland renferme un
colosse. Chose remarquable, les enfants pro-
diges, les petites merveilles du jeune âge, à
l'âge de maturité sont rarement des génies.
Dans les champs d'hommes comme dans les
sociétés de blés, ce sont les semences qui dor-
ment le plus longtemps sous la terre qui souvent produisent les plus belles tiges, les plus
riches épis. La sève avant de monter a besoin
de se recueillir.

Tout ce qui arriva par la suite ne fut que la
conséquence de ces trois faits, la famille, la
propriété, le gouvernement, réunis en un
seul, qui les a sacrés et consacrés tous trois,—
la religion. Je passerai donc rapidement sur
ce qui reste à parcourir du passé comme sur
ce qui est dans les zônes du présent afin d'arriver plus vite au but, la société de l'avenir, le
monde de l'anarchie. Dans cette esquisse ré-
trospective de l'humanité comme dans l'ébauche de la société future, mon intention n'est
pas de faire l'histoire même abrégée de la marche du progrès humain. J'indique plutôt que
je ne raconte. C'est au lecteur à suppléer par
la mémoire ou par l'intuition à ce que j'omets
ou omettrai de mentionner.

III

Liberté, egalité, fraternité ! — ou la mort !
(Sentence révolutionnaire.)
Œil pour œil et dent pour dent.
(Moïse.)

Le monde marchait. De piéton il s'était fait
cavalier, de routier navigateur. Le commerce,
cette conquête, et la conquête, cet autre commerce, galopaient sur le gravier des grands
chemins et voguaient sur le flot des plaines
marines. Le poitrail des chameaux et la proue
des navires faisaient leur trouée à travers les
déserts et les méditerranées. Chevaux et élé-
phants, bœufs et chariots, voiles et galères
manœuvraient sous la main de l'homme et tra-
çaient leur sillon sur la terre et sur l'onde.
L'idée pénétrait avec le glaive dans la chair
des populations, elle circulait dans leurs vei-

nes avec les denrées de tous les climats, elle
se mirait dans leur vue avec les marchandises
de tous les pays. L'horizon s'était élargi.
L'homme avait marché, d'abord de la famille
à la tribu, puis de la tribu à la cité, et enfin de
la cité à la nation. L'Asie, l'Afrique, l'Europe
ne formaient plus qu'un continent; les armées
et les caravanes avaient rapproché les distances. L'Inde, l'Egypte, la Grèce, Carthage et
Rome avaient débordé l'une sur l'autre, roulant dans leur courant le sang et l'or, le fer et
le feu, la vie et la mort; et, comme les eaux
du Nil, elles avaient apporté avec la dévastation un engrais de fertilisation pour les arts et
les sciences, l'industrie et l'agriculture. Le flot
des ravageurs une fois écoulé ou absorbé par
les peuples conquis, le progrès s'empressait de
relever la tête et de fournir une plus belle et
plus ample récolte. L'Inde d'abord, puis l'É-
gypte, puis la Grèce, puis Rome avaient brillé
chacune à leur tour sur les ondulations d'hommes et avaient mûri quelque peu leur fruit.
L'architecture, la statuaire, les lettres formaient déjà une magnifique gerbe. Dans son
essor révolutionnaire, la philosophie, comme
un fluide électrique, errait encore dans les
nuages, mais elle grondait sourdement et lan-
çait parfois des éclairs en attendant qu'elle se
dégageât de ses entraves et produisît la foudre. Rome toute-puissante avait un pied dans

la Perse et l'autre dans l'Armorique. Comme le divin Phœbus conduisant le char du soleil, elle tenait en main les rênes des lumières et rayonnait sur le monde. Mais dans sa course triomphale, elle avait dépassé son zénith et entrait dans sa phase de décadence. Sa dictature proconsulaire touchait à son déclin. Elle avait bien, au loin, triomphé des Gaulois et des Carthaginois ; elle avait bien anéanti, dans le sang et presque à ses portes, une formidable insurrection d'esclaves ; cent mille spartacus avaient péri les armes à la main, mordus au cœur par le glaive des légions civiques ; les maillons brisés avaient été ressoudés et la chaîne rendue plus pesante à l'idée. Mais la louve avait eu peur. Et cette lutte où il lui avait fallu dépenser la meilleure partie de ses forces, cette lutte à mort l'avait épuisée. — Oh ! en me rappelant ces grandes journées de Juin des temps antiques, cette immense barricade élevée par les gladiateurs en face des privilégiés de la République et des armées du Capitole ; oh ! je ne puis m'empêcher de songer dans ces temps modernes à cette autre levée de boucliers des prolétaires, et de saluer à travers les siècles, — moi, le vaincu des bords de la Seine, — le vaincu des bords du Tibre ! Le bruit que font de pareilles rébellions ne se perd pas dans la nuit des temps, il se répercute de fibre en fibre, de muscle en muscle, de génération en génération, et il aura de l'écho sur la terre tant que la société sera une caverne d'exploiteurs !...

Les dieux du Capitole se faisaient vieux, l'Olympe croulait, miné par une hérésie nouvelle. L'Evangile païen était devenu illisible. Le progrès des temps en avait corrodé la lettre et l'esprit. Le progrès édita la fable chrétienne. L'Empire avait succédé à la République, les césars et les empereurs aux tribuns et aux consuls. Rome était toujours Rome. Mais les prétoriens en débauche, les encanteurs d'empire avaient remplacé les embaucheurs de peuple, les sanglants pionniers de l'unité universelle. Les aigles romains ne se déployaient plus au souffle des fortes brises, leurs yeux fatigués ne pouvaient plus contempler les grandes lumières. Les ternes flambeaux de l'orgie convenaient seuls à leur prunelle vieillie; les hauts faits du cirque et de l'hippodrome suffisaient à leur belliqueuse caducité. Comme Jupiter, l'aigle se faisait vieux. Le temps de la décomposition morale était arrivé. Rome n'était plus guère que l'ombre de Rome. L'égout était son Achéron, et elle voguait, ivre d'abjection et entraînée par le nautonnier de la décadence, vers le séjour des morts.

En ce temps-là, comme la vie se manifeste au sein des cadavres, comme la végétation surgit de la putréfaction ; en ce temps-là, le christianisme grouillait dans les catacombes, germait sous la terre, et poussait comme l'herbe à travers les pores de la société. Plus on le fauchait et plus il acquérait de force.

Le christianisme, œuvre des saint-simoniens de l'époque, est d'un révolutionnarisme plus superficiel que profond. Les formalistes se suivent et... se ressemblent. C'est toujours de la théocratie universelle, Dieu et le pape ; la sempiternelle autorité et céleste et terrestre, le père enfanteur et le père Enfantin, comme aussi le père Cabet et le père Tout-Puissant, l'Être-Suprême et le saint-père Robespierre ; la hiérarchie à tous les degrés, le commandement et la soumission à tous les instants, le berger et l'agneau, la victime et le sacrificateur. C'est toujours le pasteur, les chiens et le troupeau, Dieu, les prêtres et la foule. Tant qu'il sera question de divinité, la divinité aura toujours comme conséquence dans l'humanité, — au faîte, — le pontife ou le roi, l'homme-Dieu ; l'autel, le trône ou le fauteuil autoritaire ; la tiare, la couronne ou la toge présidentielle : la personnification sur la terre du souverain maître des cieux. — A la base, — l'esclavage ou le servage, l'ilotisme ou le prolétariat; le jeûne du corps et de l'intelligence ; les haillons de la mansarde ou les haillons du bagne ; le travail et la toison des brutes, le travail écrémé, la toison tondue et la chair elle-même dévorée par les riches. — Et entre ces deux termes, entre la base et le faîte, — le clergé, l'armée, la bourgeoisie ; l'église, la caserne, la boutique ; le vol, le meurtre, la ruse ; l'homme, valet envers ses supérieurs, et le valet arrogant envers ses inférieurs, rampant comme rampe le reptile, et, à l'occasion, se guindant et sifflant comme lui.

Le christianisme fut tout cela. Il y avait dans l'utopie évangélique beaucoup plus d'ivraie que de froment, et le froment a été étouffé par l'ivraie. Le christianisme, en réalité, a été une conservation bien plus qu'une révolution. Mais, à son apparition, il y avait en lui de la sève subversive du vieil ordre social. C'est lui qui releva la femme de son infériorité et la proclama l'égale de l'homme ; lui qui brisa les fers dans la pensée de l'esclave et lui ouvrit les portes d'un monde où les damnés de celni-ci seraient les élus de celui-là. Il y avait bien eu déjà quelque part des révoltes d'Amazones, comme il y avait eu des révoltes d'ilotes. Mais il n'est pas dans la destinée de l'homme et de la femme de marcher divisés et à l'exclusion l'un de l'autre. Le Christ ou plutôt la multitude de Christs que ce nom personnifie, leur mit la main dans la main, en fit des frères et des sœurs, leur donna pour glaive la parole, pour place à conquérir l'immortalité future. Puis, du haut de sa croix, il leur montra le

cirque : et toutes ces libres recrues, ces volon-
taires de la révolution religieuse s'élancèrent,
— cœurs battant et courage en tête, à la gueule
des lions, au feu des bûchers. L'homme et la
femme mêlèrent leur sang sur l'arène et reçu-
rent côte à côte le baptème du martyre. La
femme ne fut pas la moins héroïque. C'est son
héroïsme qui décida de la victoire. Ces jeunes
filles liées à un poteau et livrées à la morsure
de la flamme ou dévorées vives par les bêtes
féroces ; ces gladiateurs sans défense et qui
mouraient de si bonne grâce et avec tant de
grâce ; ces femmes, ces chrétiennes portant au
front l'auréole de l'enthousiasme, toutes ces
hécatombes, devenues des apothéoses, finirent
par impressionner les spectateurs et par les
émouvoir en faveur des victimes. Ils épousè-
rent leurs croyances. Les martyrs d'ailleurs
renaissaient de leurs cendres. Le cirque, qui
en avait tant immolé, en immolait toujours, et
toujours des armées d'assaillants venaient lui
tendre la gorge et y mourir. A la fin, cependant, le cirque s'avoua vaincu, et les enseignes
victorieuses de la chrétienté furent arborées
sur les murs du champ de carnage. Le christianisme allait devenir le catholicisme. Le bon
grain épuisé allait livrer carrière entière au
mauvais.

La grandeur de Rome n'existait plus que de
nom. L'empire se débattait comme un naufra-

ge au milieu d'un océan de barbares. Cette
marée montante envahissait les possessions
romaines et battait en brèche les murs de la
cité impériale. Rome succomba à la fureur des
lames. La civilisation païenne avait eu son
aurore, son apogée, son couchant ; maintenant
elle noyait la sanglante lueur de ses derniers
rayons dans les ténébreuses immensités. A la
suite de cette tourmente, tout ce qu'il y avait
d'écume au cœur de la société s'agita à sa surface et trôna sur la crête de ces intelligences
barbaresques. Les successeurs des apôtres
polluèrent dans les honneurs la virginité du
christianisme. L'immaculée conception fraternelle avorta sur son lit de triomphe. Les docteurs chargés de l'accouchement avaient introduit dans l'organe maternel un dissolvant
homicide, et la drogue avait produit son effet.
Au jour de la délivrance, le fœtus ne donnait
plus signe de vie. Alors, à la place de l'avorton
fraternité, ils mirent le petit de leurs entrailles, monstre moitié autorité moitié servilité.
Les barbares étaient trop grossiers pour s'aper-
cevoir de la supercherie, aussi adorèrent-ils
l'usurpation de l'Église comme chose légitime.
Propager le nouveau culte, promener la croix
et la bannière fut la mission de la barbarie.
Seulement, dans ces mains habituées à manier
le glaive, l'on renversa l'image du crucifié. Ils
étranglèrent le crucifix par la tête qu'ils pri-

rent pour la poignée, et lui mirent la pointe
en l'air comme une lame hors du fourreau.

Cependant, ces grands déplacements d'hommes ne s'étaient pas opérés sans déplacer sur
leur passage quelques barrières. Des propriétés et des nationalités furent modifiées. L'esclavage devint le servage. Le patriarcat avait
eu ses jours de splendeur, c'était maintenant
au tour de la prélature et de la baronnie. La
féodalité militaire et religieuse couvrit le sol
de donjons et de clochers. Le baron et l'évêque étaient les puissants d'alors. La fédération
de ces demi-dieux forma l'empire dont les rois
et les papes furent les maîtres-dieux, les seigneurs suzerains. — Le moyen âge, disque
nocturne, montait à l'horizon. Les abeilles de
la science n'avaient plus où déposer leur miel,
si ce n'est dans quelque cellule de monastère ;
et encore la très-sainte inquisition catholique
y pénétrait-elle les tenailles et le fer rouge à
la main pour y détruire le précieux dépôt et y
torturer le philosophique essaim. Ce n'étaient
déjà plus les ombres du crépuscule mais les
funèbres voiles de la nuit qui planaient sur les
manuscrits de l'antiquité Les ténèbres étaient
tellement épaisses qu'il semblait que l'humanité n'en dût jamais sortir. Dix-huit fois le glas
des siècles tinta à l'horloge du temps avant
que la Diane chasseresse décochât comme une
flèche les premiers rayons de l'aube au cœur

de cette longue nuit. Une seule fois pendant ces dix-huit siècles de barbarie ou de civilisation, — comme on voudra les appeler, — une seule fois, le géant Humanité remua sous ses chaînes. Il aurait encore supporté la dîme et la taille, la corvée et la faim, le fouet et la potence, mais le viol de sa chair, l'odieux droit seigneurial pesait trop lourdement sur son cœur. Le titan serra convulsivement ses poings, grinça des dents, ouvrit la bouche, et une éruption de torches et de fourches, de pierres et de faulx ruissela sur les terres des seigneurs; et des châteaux-forts s'écroulèrent et des châtelains bardés de crimes furent triturés sous les décombres. L'incendie que d'infimes vassaux avaient allumé, et qui illumina un instant la sombre période féodale, s'éteignit dans leur propre sang. La jacquerie, comme le christianisme, eut ses martyrs. La guerre des paysans de France, comme celle des ilotes de Rome, aboutit à la défaite. Les jacques, ces fils légitimes des christs et des spartacus, eurent le sort de leurs ancêtres. Il n'y eut bientôt plus de cette rébellion qu'un peu de cendre. L'affranchissement des communes fut tout ce qu'il en résulta. Seuls, les notables d'entre les manants en profitèrent. Mais l'étincelle couvait sous la cendre et devait produire plus tard un embrasement général : 89 et 93 vont flamboyer sur le monde.

On connaît trop cette époque pour qu'il soit nécessaire de la passer en revue. Je dirai seulement une chose : ce qui a perdu la Révolution de 93, c'est d'abord comme toujours l'ignorance des masses, et puis ensuite ce sont les montagnards, gens plus turbulents que révolutionnaires, plus agités qu'agitateurs. Ce qui a perdu la Révolution, c'est la dictature, c'est le comité de salut public, royauté en douze personnes superposée sur un vaste corps de citoyens-sujets, qui dès-lors s'habituèrent à n'être plus que les membres esclaves du cerveau, à n'avoir plus d'autre volonté que la volonté de la tête qui les dominait ; si bien que, le jour où cette tête fut décapitée, il n'y eut plus de républicains. Morte la tête, mort le corps. Le claqueur multitude battit des mains à la représentation thermidorienne, comme il avait battu des mains devant les tréteaux des décemvirs et comme il battait des mains au spectacle du 18 brumaire. On avait voulu dictaturer les masses, on avait travaillé à leur abrutissement en écartant d'elles toute initiative, en leur faisant abdiquer toute souveraineté individuelle. On les avait asservies au nom de la République et au joug des conducteurs de la chose publique ; l'Empire n'eut qu'à atteler ce bétail à son char pour s'en faire acclamer. Tandis que si, au contraire, on avait laissé à chacun le soin de se représenter lui-

même, d'être son propre mandataire ; si ce
comité de salut public se fût composé des trente millions d'habitants qui peuplaient le territoire de la République, c'est-à-dire de tout ce
qui dans ce nombre, hommes ou femmes, était
en âge de penser et d'agir; si la nécessité alors
eût forcé chacun de chercher, dans son initiative ou dans l'initiative de ses proches, les
mesures propres à sauvegarder son indépendance ; si l'on avait réfléchi plus mûrement et
qu'on eût vu que le corps social comme le
corps humain n'est pas l'esclave inerte de la
pensée, mais bien plutôt une sorte d'alambic
animé dont la libre fonction des organes produit la pensée ; que la pensée n'est que la
quintessence de cette anarchie d'évolution
dont l'unité est causée par les seules forces
attractives ; enfin, si la bourgeoisie monta-
gnarde avait eu des instincts moins monarchi-
ques; si elle avait voulu ne compter que comme
une goutte avec les autres dans les artères du
torrent révolutionnaire, au lieu de se poser
comme une perle cristallisée sur son flot, comme un joyau autoritaire enchassé dans son
écume ; si elle avait voulu révolutionner le
sein des masses au lieu de trôner sur elles et
de prétendre à les gouverner : sans doute les
armées françaises n'eussent pas éventré les nations à coup de canon, planté le drapeau trico-
lore sur toutes les capitales européennes, et

souffleté du titre infamant et prétendu hono-
rifique de citoyen français tous les peuples
conquis ; non sans doute. Mais le génie de la
liberté eût fait partout des hommes au dedans
comme au dehors ; mais chaque homme fût
devenu une citadelle imprenable, chaque intelligence un inepuisable arsenal, chaque bras
une armée invincible pour combattre le despotisme et le détruire sous toutes ses formes ;
mais la Révolution, cette amazone à la prunelle
fascinatrice, cette conquérante de l'homme à
l'humanité, eût entonné quelque grande Mar-
seillaise sociale, et déployé sur le monde son
écharpe écarlate, l'arc-en-ciel de l'harmonie, la
rayonnante pourpre de l'unité !...

L'Empire, restauration des Césars, conduisit
à la restauration de la vieille monarchie, qui
fut un progrès sur l'Empire : et la restauration
de la vieille monarchie conduisit à 1830, qui
fut un progrès sur 1815. Mais quel progrès !
un progrès dans les idées bien plus que dans
les faits.

Depuis les âges antiques, les sciences avaient
constamment fait du chemin. La Terre n'est
plus une surface pleine et immobile, comme
on le croyait jadis du temps d'un Dieu créateur, monstre anté-ou ultra diluvien. Non : la
terre est un globe toujours en mouvement. Le
ciel n'est plus un plafond, le plancher d'un
paradis ou d'un olympe, une sorte de voûte.

peinte en bleu et ornée de culs-de-lampe en
or ; c'est un océan de fluide dont ni l'œil ni la
pensée ne peuvent sonder la profondeur. Les
étoiles comme les soleils roulent dans cette
onde d'azur, et sont des mondes gravitant,
comme le nôtre, dans leurs vastes orbites, et
avec une prunelle animée sous leurs cils lumineux. Cette définition du Circulus : « La vie est
un cercle dans lequel on ne peut trouver ni
commencement ni fin, car, dans un cercle,
tous les points de la circonférence sont commencement ou fin ; cette définition, en prenant
des proportions plus universelles, va recevoir
une application plus rapprochée de la vérité, et devenir ainsi plus compréhensible au
vulgaire. Tous ces globes circulant librement
dans l'éther, attirés tendrement par ceux-
ci, repoussés doucement par ceux-là, n'obé-
issant tous qu'à leur passion, et trouvant
dans leur passion la loi de leur mobile et
perpétuelle harmonie ; tous ces globes tour-
nant d'abord sur eux-mêmes, puis se groupant
avec d'autres globes, et formant ce qu'on appelle, je crois, un système planétaire, c'est-à-
dire une colossale circonférence de globes
voyageant de concert avec de plus gigantesques systèmes planétaires et de circonférence
en circonférence, s'agrandissant toujours, et
trouvant toujours des mondes nouveaux pour
grossir leur volume et des espaces toujours

illimités pour y exécuter leurs progressives
évolutions ; enfin, tous ces globes de globes et
leur mouvement continu ne peuvent donner
qu'une idée sphérique de l'infini, et démontrer
par une argumentation sans réplique, — argumentation que l'on peut toucher de l'œil et de
la pensée, — que l'ordre anarchique est l'ordre
universel. Car une sphère qui tourne toujours,
et sur tous les sens, une sphère qui n'a ni
commencement ni fin, ne peut avoir ni haut
ni bas, et par conséquent ni dieu au faîte ni
diable à la base. Le Circulus dans l'universalité
détrône l'autorité divine et prouve sa négation
en prouvant le mouvement, comme le circulus
dans l'humanité détrône l'autorité gouvernementale de l'homme sur l'homme et en prouve
l'absurde en prouvant le mouvement. De même que les globes circulent anarchiquement
dans l'universalité, de même les hommes doivent circuler anarchiquement dans l'humanité, sous la seule impulsion des sympathies et
des antipathies, des attractions et des répul-
sions réciproques. L'harmonie ne peut exister
que par l'anarchie. Là est toute la solution du
problème social. Vouloir le résoudre autrement, c'est vouloir donner à Galilée un éternel
démenti, c'est dire que la terre n'est pas une
sphère, et que cette sphère ne tourne pas. Et
cependant elle tourne, répéterai-je avec ce
pauvre vieillard que l'on condamna à se par-

jurer, et qui accepta l'humiliation de la vie en vue, sans doute, de sauver son idée. A ce grand autoricide je pardonne son apparente lâcheté en faveur de sa science : il n'y a pas que les Jésuites qui sont d'avis que le but justifie les moyens. L'idée du Circulus dans l'humanité est à mes yeux un sujet d'une trop grande portée pour n'y consacrer que ces quelques lignes ; j'y reviendrai. En attendant de plus complets développements, j'appelle sur ce passage les méditations des révolutionnaires.

Donc, de découverte en découverte, les sciences marchaient. De nouveaux continents, les deux Amériques, l'Australie, s'étaient groupés autour des anciens. Un des proclamateurs de l'Indépendance américaine, Franklin, arrache la foudre des mains de Jéhovah, et la science en fait une force domestique qui voyage sur un fil de fer avec la rapidité de l'éclair et vous rapporte la réponse au mot qu'on lui jette, avec la docilité d'un chien. Fulton apprivoise la vapeur, ce locomoteur amphibie, que Salomon de Caus avait saisi à la gorge. Il la musèle et lui donne pour carapace la carène d'un navire, et il se sert de ses musculaires nageoires pour remplacer la capricieuse envergure des voiles. Et la force de l'hydre est si grande qu'elle se rit des vents et des flots, et elle est si bien domptée qu'elle obéit avec une incroyable souplesse à la moindre pression du timonier.

A terre, sur les chemins bordés de rails, le monstre au corps de fer, à la voix rauque, aux poumons de flamme, laisse bien loin derrière lui la patache, le coucou et la diligence. Au signal de celui qui le monte, à un léger coup d'étrier, il part, entraînant à sa remorque toute une avenue de maisons roulantes, la population de tout un quartier de ville, et cela avec une vitesse qui prime le vol de l'oiseau. Dans les usines, esclave aux mille rouages, il travaille avec une merveilleuse adresse aux travaux les plus délicats comme aux travaux les plus grossiers. La typographie, cette magnifique invention au moyen de laquelle on sculpte la parole et on la reproduit à des milliers d'exemplaires, la typographie lui doit un nouvel essor. C'est lui qui tisse les étoffes, les teint, les moire, les broche, lui qui scie le bois, lime le fer, polit l'acier ; lui enfin qui confectionne une foule d'instruments de travail et d'objets de consommation. Aux champs, il défriche, il laboure, il sème, il herse et il moisonne ; il broie l'épi sous la meule ; le blé moulu, il le porte en ville, il le pétrit et il en fait du pain : c'est un travailleur encyclopédique.

Sans doute, dans la société telle qu'elle est organisée, la machine à vapeur déplace bien des existences et fait concurrence à bien des bras. Mais qu'est-ce qu'un mal partiel et passager en comparaison des résultats généraux et définitifs ? C'est elle qui déblaie les routes de l'avenir. En Barbarie comme en Civilisation, ce qui de nos jours est synonyme, le progrès ne peut se frayer le chemin qu'en passant sur des cadavres. L'ère du progrès pacifique ne s'ouvrira que sur les ossements du monde civilisé, quand le monopole aura rendu le dernier soupir et que les produits du travail seront du domaine public.

L'astronomie, la physique, la chimie, toutes les sciences pour mieux dire, avaient progressé. Seule, la science sociale était restée stationnaire. Depuis Socrate qui but la ciguë et Jésus qui fut crucifié, aucune grande lumière n'avait lui. Quand, dans les régions les plus immondes de la société, dans quelque chose de bien autrement abject qu'une étable, dans une boutique, naquit un grand réformateur. Fourier venait de découvrir un nouveau monde où toutes les individualités ont une valeur nécessaire à l'harmonie collective. Les passions sont les instruments de ce vivant concert qui a pour archet la fibre des attractions. Il m'était guère possible que Fourier rejetât entièrement le froc ; il conserva malgré lui de son éducation commerciale la tradition boutiquière, des préjugés d'autrefois et de servitude qui le firent dévier de la liberté et de l'égalité absolues, de l'anarchie. Néanmoins devant ce Bourgeois je me découvre, et je salue en lui un novateur,

un révolutionnaire. Autant les autres bourgeois sont des nains, autant celui-là est un
géant. Son nom restera inscrit dans la mémoire de l'humanité.

1848 arriva, et l'Europe révolutionnaire, prit
feu comme une trainée de poudre. Juin, cette
jacquerie du dix-neuvième siècle, protesta
contre les modernes abus du nouveau seigneur.
Le viol du droit au travail et du droit à l'amour,
l'exploitation de l'homme et de la femme par
l'or souleva le prolétariat et lui mit les armes
à la main. La féodalité du capital trembla sur
ses bases. Les hauts barons de l'usure et les ba-
ronnets du petit commerce se crénelèrent dans
leurs comptoirs, et du haut de leur plateforme
lancèrent sur l'insurrection d'énormes blocs
d'armées, des flots bouillants de gardes mobiles. A force de tactique jésuitique ils parvin-
rent à écraser la révolte. Plus de trente mille
rebelles, hommes, femmes et enfants, furent
jetés aux oubliettes des pontons et des casema-
tes. D'innombrables prisonniers furent fusil-
lés, au mépris d'une affiche placardée à tous
les angles des rues, affiche qui invitait les insurgés à déposer les armes et leur déclarait
qu'il n'y aurait *ni vainqueurs ni vaincus*, mais
des *frères*, — FRÈRES ENNEMIS, voulait-on dire!
Les rues furent jonchées d'éclats de cervelles.
Les prolétaires désarmés furent entassés dans
les caveaux des Tuileries, de l'Hôtel-de-Ville,

de l'École-Militaire, dans les écuries des casernes, dans les carrières d'Ivry, dans les fossés
du Champ-de-Mars, dans tous les égouts de la
capitale du monde civilisé, et là massacrés
avec tous les raffinements de la cruauté ! Les
coups de feu pleuvaient par tous les soupi-
raux, le plomb tombait en guise de pain dans
ces cloaques où, — parmi les râles des mou-
rants, les éclats de rire de la folie, — l'on cla-
potait dans l'urine et dans le sang jusqu'à mi-
jambe, axphysié par le manque d'air et torturé
par la soif et la faim. Les faubourgs furent
traités comme, au moyen-âge, une place prise
d'assaut. Les archers de la civilisation montè-
rent dans les maisons, descendirent dans les
caves, fouillèrent tous les coins et recoins, passant au fil de la baïonnette tout ce qui leur
paraissait suspect. Entre les barricades déman-
telées et à la place de chaque pavé on aurait
pu mettre une tête de cadavre... Jamais, depuis
que le monde est monde, on n'avait vu pareille
tuerie. Et non-seulement les gardes nationaux
de la ville et de la province, les industriels et
les boutiquiers, les bourgeois et leurs satelli-
tes commirent après le combat mille et une
atrocités ; mais les femmes même, les femmes
de magasin et de salon, se montrèrent encore
plus acharnées que leurs maris à la sanglante
curée. C'est elles qui, du haut des balcons, agi-
taient des écharpes ; elles qui jetaient des

fleurs, des rubans, des baisers aux troupes
conduisant les convois de prisonniers ; elles
qui insultaient aux vaincus; elles qui deman-
daient à grands cris et avec d'épouvantables
paroles qu'on fusillât devant leur porte et
qu'on accrochât à leurs volets ces lions enchaînés dont le rugissement les avait fait pâlir au
milieu de leur agio ou de leur orgie ; elles qui,
au passage de ces gigantesques suppliciés, leur
crachaient au visage ces mots, qui pour beaucoup étaient une sentence : A mort ! à la voi-
rie !... Ah ! ces femmes-là n'étaient pas des
femmes, mais des femelles de bourgeois !

On crut avoir anéanti le Socialisme dans le
sang. On venait, au contraire, de lui donner le
baptême de vie ! Écrasé sur la place publique,
il se réfugia dans les clubs, dans les ateliers,
comme le christianisme dans les catacombes,
recrutant partout des prosélytes. Loin d'en
détruire la semence, la persécution l'avait fait
germer. Aujourd'hui, comme le grain de blé
sous la neige, le germe est enfoui sous l'argent
vainqueur du travail. Mais que le temps marche, que le dégel arrive, que la liquidation
fasse fondre à un soleil de printemps toute cette froide exhibition du lucre, cette nappe mé-
tallique amoncelée par couches épaisses sur la
poitrine du prolétariat ; que la saison révolutionnaire se dégage des Frissons de Février et
entre dans le signe du Bélier, et l'on verra le

Socialisme relever la tête et poursuivre son élan zodiacal jusqu'à ce qu'il ait atteint la figure du Lion, — jusqu'à ce que le grain ait produit son épi.

Comme 89 avait eu son ange rebelle : Mirabeau, lançant du sein du Jeu de Paume, cette sanglante apostrophe au front de l'aristocratie : « Allez dire à votre maître que nous sommes ici par la volonté du peuple, et que nous n'en sortirons que par la force des baïonnettes ! » 48 eut aussi son Proudhon, un autre esprit rebelle, qui dans un livre, avait craché cette mortelle conclusion à la face de la bourgeoisie : « La Propriété, c'est le vol ! » Sans 48, cette vérité eût dormi longtemps ignorée au fond de quelque bibliothèque de privilégié! 48 la mit en lumière, et lui donna pour cadre la publicité de la presse quotidienne, la multiplicité des clubs en plein vent : elle se grava dans la pensée de chaque travailleur. Le grand mérite de Proudhon ce n'est pas d'avoir été toujours logique, tant s'en faut, mais d'avoir provoqué les autres à chercher la logique. Car l'homme qui a dit aussi : « Dieu, c'est le mal, — l'Esclavage, c'est l'assassinat, — la Charité, c'est une mystification, — et ainsi et encore ; l'homme qui a revendiqué avec tant de force la liberté de l'homme ; ce même homme, hélas ! a aussi attaqué la liberté de la femme : il a mis celle-ci au ban de la société, il l'a décrétée hors l'humanité. Proudhon n'est encore qu'une fraction de génie révolutionnaire ; la moitié de son être est paralysé, et c'est malheureusement le côté du cœur. Proudhon a des tendances anarchiques, mais ce n'est pas un anarchiste ; il n'est pas humanité, il est masculinité. Mais, — comme réformateur, s'il est des tâches à ce diamant, — comme agitateur, il a d'éblouissantes étincelles. Certes, c'est quelque chose. Et le Mirabeau du Prolétariat n'a rien à envier au Mirabeau de la Bourgeoisie ; il le dépasse de toute la hauteur de son intelligence novatrice. L'un n'eut qu'un seul élan de rébellion, il fut un éclair, une lueur qui s'éteignit rapidement dans les ténébres de la corruption. L'autre fit retentir coups de tonnerres sur coups de tonnerres. Il n'a pas seulement menacé, il a foudroyé le vieil ordre social. Jamais homme ne pulvérisa sur son passage tant de séculaires abus, tant de superstitions prétendues légitimes.

89 fut le 48 de la Bourgeoisie insurgée contre la noblesse ; 48 le 89 du Prolétariat insurgé contre la Bourgeoisie. A bientôt le 93 !

Et maintenant, passez autorités provisoires : république blanche, comme jadis l'appelait de ses vœux un illustre poête qui craignait alors qu'on ne fondit la colonne Vendôme pour en faire des pièces de deux sous. Passez, république bleue et république rose, république dite

honnête et modérée, comme il est des hommes
dits de dévouement, sans doute parce que ces
hommes et cette république ne sont ni l'un ni
l'autre. Passez-aussi, pachaïsme de Cavaignac
l'Africain, hideux Othello, jaloux de la forme, et
qui poignarda la République au cœur parce
qu'elle avait des velléités sociales. Passez, pré-
sidence napoléonienne, empereur et empire,
pontificat du vol et du meurtre, catholicité des
intérêts mercantiles, jésuitiques et soldates-
ques. Passez, passez, dernières lueurs de la
lampe Civilisation et, avant de vous éteindre,
faites mouvoir sur les vitres du temple de
Plutus les ombres bourgeoises de ce grand
séraphin. Passez, passez clartés mourantes, et
illuminez en fuyant la ronde de nuit des cour-
tisans dn régime actuel, fantômes groupés
autour du spectre de Sainte-Helène, toute
cette fantasmagorie de revenants titrés, mitrés, galonnés, argentés, cuivrés, verdegrisés,
cette bohème de cour, de sacristie, de boutique
et d'arrière-boutique, sophistique sorcellerie
du Sabbat impérial. Passez ! pasez. Les morts
vont vite !...

Allons, César, dans cette maison de perdi-
tion qu'on nomme les Tuileries, satisfaites vos
obscènes caprices : caressez ces dames, et ces
flacons, videz la coupe des voluptés princiè-
res ; endormez-vous, Maîtres, sur des coussins
de peau de satin ou des oreillers de velours.

Cet élyséen lupanar vaut bien votre ancien bouge de Hay-Market. Allons, ex-constable de Londres, prenez en main votre sceptre, et bâtonnez-les tous, ces grands seigneurs-valets, et tout ce peuple valet de vos valets ; courbez-les plus bas encore sous le poids de votre despotisme et de votre abjection. Allons, *homme providentiel*, rompez-lui les os, à cette société squelette ; réduisez-la en poussière, afin qu'un jour la Révolution n'ait plus qu'à souffler dessus pour la faire disparaître.

Prêtres, entonnez *Te Deum* sur les planches de vos églises. Baptisez, catéchisez, confessez, mariez et enterrez les vivants et les morts ; aspergez le monde de sermons et d'eau bénite pour en exorciser le démon de la libre pensée.

Soldats, chantez la lie et l'écume, des rouges ivresses. Tuez à Sébastopol et tuez dans Paris. Bivaquez dans le sang et le vin et les crachats ; videz vos bidons et videz vos fusils ; défoncez des crânes humains et faites en jaillir la cervelle ; débandez des tonnes de spiritueux, faites en couler un ruisseau pourpre, et vautrez-vous dans ce ruisseau pour y boire à pleine gorgée... Victoire ! soldats : vous avez, au nombre de 300 mille, et après deux ans d'hésitation, enlevé les remparts de Sébastopol, défendus par de blonds enfants de la Russie ; et, au nombre de 500 mille, et après une ou deux nuits d'embuscade, vous avez conquis, avec

une bravoure toute militaire, les boulevards
de Paris, ces boulevards où défilait, bras dessus bras dessous, une armée de promeneurs
de tous âges et de tous sexes. Soldats ! vous
êtes des braves, et du fond de son tombeau
Papavoine vous contemple !...

Juges, mouchards, législateurs et bourreaux,
espionnez, déportez, guillotinez, code-pénali-
sez les bons et les mauvais, cette pullulation
de mécontents qui, à l'encontre de vous, gri-
gnoteurs et dévorateurs de budgets, ne pensent
pas que tout est pour le mieux dans le meilleur
des mondes possibles. Manipulateurs des plateaux de la justice, pesez au poids de l'or la
culpabilité des revendications sociales. — Ban-
quiers, boutiquiers, usiniers, sangsues de la
production pour qui le producteur est une si
douce proie, allongez vos trompes, saisissez le
prolétariat à la gorge et pompez-lui tout l'or de
ses veines. Agiotez, commercez, usurez, ex-
ploitez ; faites des trous à la blouse de l'ouvrier et des trous à la lune. Riches, engraissez-
vous la panse et amaigrissez la chair du
pauvre. — Avocats, plaidez le pour et le contre, le blanc et le noir ; dépouillez la veuve et
l'orphelin au profit du puissant prévaricateur,
et le petit artisan au profit du grand industriel. Suscitez des procès entre les propriétaires, en attendant que la société fasse votre
procès et celui de la propriété. Prêtez aux

tribunaux criminels l'appui de vos parodies de défense, et innocentez ainsi la condamnation, sous prétexte d'innocenter l'accusé. — Huissiers, avoués et notaires, rédigez sur papier timbré des actes de propriété ou de piraterie ; dépossédez ceux-ci et investissez ceux-là ; ébattez-vous comme des chenilles sur les riches et plantureux sommets, afin d'épuiser plus vite la sève qui des couches inférieures monte sans cesse pour les alimenter. — Docteurs de l'instruction publique, qui avez la faculté de mercurialiser les enfants de la société au nom du crétinisme universitaire ou clérical, fessez et refessez filles et garçons. — Diplomés de la Faculté de Médecine pour la médicamentation mercurielle et arsenicale, ordonnancez les malades, expérimentez sur les prolétaires et tenaillez-les sur le chevalet de vos hôpitaux. Allez, empiriques, non-seulement votre brevet d'incapacité scientifique et de rapacité épicière vous y autorise, mais vous avez, de plus, la garantie du gouvernement. Faites, et pour peu que vous soyez en possession d'une aristocratique clientèle et d'un caractère bien pensant, le chef de l'Etat détachera de sa couronne une étoile d'or pour la suspendre à votre boutonnière.

Vous tous, enfin qui êtes opulents d'opprobre, forfaiteurs à qui la fortune sourit, comme sourient les prostituées au seuil des maisons borgnes ; débauchés de la décadence chrétienne, corrupteurs et corrompus, piétinez, piétinez sur la « vile multitude, » salissez-la de votre boue, meurtrissez-la de vos talons, attentez à sa pudeur, à son intelligence, à sa vie ; faites, et faites encore !...

Et puis, après ?...

Empêcherez-vous le soleil de luire et le progrès de suivre son cours ? Non, car vous ne pourrez pas faire que l'usure ne soit pas l'usure, que la misère ne soit pas la misère, que la banqueroute ne soit pas la banqueroute, et que la RÉVOLUTION ne soit pas la RÉVOLUTION !!...

O Bourgeois, vous qui n'avez jamais rien produit que des exactions, et qui rêvez des satisfactions éternelles en digérant vos satisfactions momentanées, dites, Bourgeois, quand vous passez à l'heure qu'il est par les rues, ne sentez-vous pas quelque chose comme une ombre qui vous suit, quelque chose qui marche et qui ne lâche pas votre piste ? Tant que vous serez debout et revêtus de la livrée impériale comme d'une cuirasse, tant que vous aurez pour béquilles les baïonnettes enrégimentées, et que le couperet de la guillotine surmontera cet immense faisceau d'armes, avec le catéchisme-pénal d'un côté et le code-religieux de l'autre ; tant que le capital rayonnera sur tout cela comme un soleil d'Austerlitz, Bourgeois, vous n'aurez rien à craindre du loup, de l'hyè-

ne ou du spectre dont le flair vous épouvante.
Mais, le jour où un voile passera sur ce soleil ;
le jour où votre livrée sera usée jusqu'à la
trame, le jour où, frissonnant dans votre nudité, vous trébucherez de faux pas en faux pas et
roulerez à terre, effarés, terrorisés ; le jour où
vous tomberez de Moscou en Bérézina oh ! ce
jour-là, je vous le dis, malheur à vous ! Le
loup, l'hyène ou le spectre vous sautera au
ventre et à la gorge, et il vous dévorera les entrailles, et il mettra en lambeaux vos membres
et votre livrée, vos faisceaux de baïonnettes et
vos catéchismes et vos codes. C'en est fait de votre utopie du capital. Comme un cerf-volant dont
la ficelle est cassée, votre soleil d'or piquera
une tête dans l'abîme. Paris sera devenu votre
Waterloo ; et Waterloo, vous le savez, conduit
à Ste Hélène... En vérité, en vérité je vous le
dis, ce jour-là il n'y aura pour vous ni pitié ni
merci. Souvenez-vous de Juin ! vous criera-t-
on. Œil pour œil et dent pour dent ! — Bourgeois, bourgeois, vous êtes trop juifs pour ne
pas connaître la loi de Moïse...

Ah ! toujours le fer et le plomb et le feu !
toujours le fratricide entre les hommes ! toujours des vainqueurs et des vaincus ! Quand
donc cessera le temps des sanglantes épreuves?
A force de manger des cadavres, la Civilisation
ne mourra-t-elle pas enfin d'indigestion ?

Quand donc les hommes comprendront-ils
que l'Autorité c'est le mal ;

— Que la Propriété, qui est aussi de l'autorité, c'est le mal ;

— Que la Famille, qui est encore de l'autorité, c'est le mal ;

— Que la Religion, qui est toujours de l'autorité, c'est le mal ;

— Que la Légalité, la Constitutionalité, la
Réglementalité, la Contractationalité, qui toutes sont de l'autorité, c'est le mal, encore le
mal, toujours le mal !

Génie de l'Anarchie, esprit des siècles futurs, délivrez-nous du mal ! ! !

FIN DE LA PREMIÈRE PARTIE.

Deuxième Partie.

PRÉLUDE.

Réve, Idée, Utopie.

Filles du droit, sylphides de mes songes,
Égalité ! Liberté ! mes amours !
Ne serez-vous toujours que des mensonges !
Fraternité ! nous fuiras-tu toujours !
Non, n'est-ce pas ! mes déesses chéries ;
Le jour approche où l'idéalité
Au vieux cadran de la réalité
Aura marqué l'heure des utopies !...

Blonde utopie, idéal de mon cœur,
Ah ! brave encore l'ignorance et l'erreur.

(LES LAZARÉENNES.)

I.

Qu'est-ce qu'une utopie ? un rêve non réalisé, mais non pas irréalisable. L'utopie de Galilée est maintenant une vérité, elle a triomphé en dépit de la sentence de ses juges : la terre tourne. L'utopie de Christophe Colomb s'est réalisée malgré les clameurs de ses détracteurs : un nouveau monde, l'Amérique est sortie à son appel des profondeurs de l'Océan. Que fut

Salomon de Caus? un utopiste, un fou, mais
un fou qui découvrit la vapeur. Et Fulton?
encore un utopiste. Demandez plutôt aux aca-
démiciens de l'Institut et à leur empereur et
maître, Napoléon, dit le Grand...grand comme
les monstres fossiles, de bêtise et de férocité.
Toutes les idées novatrices furent des utopies
à leur naissance ; l'âge seul, en les dévelop-
pant, les fit entrer dans le monde du réel. Les
chercheurs du bonheur idéal comme les chercheurs de pierre philosophale ne réaliseront
peut-être jamais leur utopie d'une manière
absolue, mais leur utopie sera la cause de progrès humanitaires. L'alchimie n'a pas réussi à
faire de l'or, mais elle a retiré de son creuset
quelque chose de bien plus précieux qu'un
vain métal, elle a produit une science, la chimie. La science sociale sera l'œuvre des
rêveurs de l'harmonie parfaite.

L'humanité, cette immortelle conquérante,
est un corps d'armée qui a son avant-garde
dans l'avenir et son arrière-garde dans le passé. Pour déplacer le présent et lui frayer la
voie, il lui faut ses avant-postes de tirailleurs,
sentinelles-perdues qui font le coup de feu de
l'idée sur les limites de l'Inconnu. Toutes les
grandes étapes de l'humanité, ses marches
forcés sur le terrain de la conquête sociale
n'ont été accomplies que sur les pas des guides
de la pensée. En avant ! lui criaient ces explo-

rateurs de l'Avenir, debout sur les cimes alpestres de l'utopie. Halte ! râlaient les traînards du Passé, accroupis dans les ornières de fangeuses réactions. En marche ! répondait le génie de l'Humanité. Et les lourdes masses révolutionnaires s'ébranlaient à sa voix. — Humanité ! j'arbore sur la route des siècles futurs le guidon de l'utopie anarchique, et te crie : En avant ! Laisse les traînards du Passé s'endormir dans leur lâche immobilisme et y trouver la mort. Réponds à leur râle d'agonie, à leurs gémissements cadavériques par un sonore appel au mouvement, à la vie. Embouche le clairon du Progrès, prends en main tes baguettes insurrectionnelles, et sonne et bat la générale. — En marche ! en marche !! en marche !!!

Aujourd'hui que la vapeur est dans toute sa virilité, et que l'électricité existe à l'état d'enfance ; aujourd'hui que la locomotion et la navigation se font à grande vitesse ; qu'il n'y a plus ni Pyrénées, ni Alpes. ni déserts, ni océans ; aujourd'hui que l'imprimerie édite la parole à des cent milliers d'exemplaires et que le commerce la colporte jusque dans les coins les plus ignorés du globe ; aujourd'hui que d'échanges en échanges on est arrivé à entr'ouvrir les voies de l'unité ; aujourd'hui que les travaux des générations ont formé, d'étage en étage et d'arcade en arcade, ce gigantesque aqueduc qui verse sur le monde actuel des

flots de sciences et de lumières ; aujourd'hui que
la force motrice et la force d'expansion dépas-
sent tout ce que les rêves les plus utopiques
des temps anciens pouvaient imaginer de
grandiose pour les temps modernes ; aujour-
d'hui que le mot « impossible » est rayé du
dictionnaire humain ; aujourd'hui que l'homme, nouveau Phébus dirigeant la marche de
la vapeur, échauffe la végétation et produit
où il lui plaît des serres où germent, poussent
et fleurissent les plantes et les arbres de tous
les climats, oasis que le voyageur rencontre
au milieu des neiges et des glaces du Nord ;
aujourd'hui que le génie humain, au nom de sa
suzeraineté, a pris possession du soleil, ce
foyer d'étincelants artistes, qu'il en a captivé
les rayons, les a enchaînés à son atelier, et les
contraint, comme de serviles vassaux, à graver
et à peindre son image sur des plaques de zinc
ou des feuilles de papier ; aujourd'hui, enfin,
que tout marche à pas de géant, est-il possible
que le Progrès, ce géant des géants, continue
à marcher piano-piano sur les railways de la
science sociale ? Non, non. Je vous dis, moi,
qu'il va changer d'allure ; il va se mettre au
pas avec la vapeur et l'électricité, il va lutter
avec elles de force et d'agilité. Malheur alors à
qui voudrait tenter de l'arrêter dans sa course : il serait rejeté en lambeaux sur le revers
du chemin par le chasse-pierres du colossal

locomoteur, ce cyclope à l'œil de feu qui remorque à toute chaleur d'enfer le cortège
satanique de l'humanité, et qui, se dressant
sur ses essieux, s'avance, front haut et tête
baissée, sur la ligne droite de l'anarchie, en
secouant dans les airs sa brune chevelure
constellée d'étincelles de flamme! Malheur à
qui voudrait se mettre en travers de ce cratère
roulant! Tous les dieux du monde antique et
moderne ne sont pas de taille à se mesurer avec
le nouveau Titan. Place! place! rangez-vous
de côté, bouviers couronnés, marchands de
bétail humain qui revenez de Poissy avec votre
cariole Civilisation. Garez-vous, matamores
Lilliputiens, et livrez passage à l'Utopie. Place! place au souffle énergique de la Révolution! Place, monayeurs d'écus, forgeurs de
fers, place au monayeur d'idées, au forgeur de
foudre!...

— A peine avais-je fini de tracer ces lignes
que je fus forcé de m'arrêter, comme il m'arriva bien souvent d'y être contraint dans le cours
de ce travail. La trop grande tension de toutes
mes facultés pour soulever et rejeter le fardeau d'ignorance qui pèse sur ma tête, cette
surexcitation enthousiaste de la pensée, en
agissant sur mon tempérament débile, avait
fait jaillir les pleurs de mes yeux. Je suffoquais
dans les sanglots. Le sang me battait les deux
tempes et soulevait dans mon cerveau des

vagues torrentielles, flots brûlants que les artères ne cessaient d'y précipiter par toutes
leurs écluses. Et tandis que de la main droite
j'essayais de contenir et d'apaiser les bouillon-
nements de mon front, de la main gauche
j'essayais en vain de comprimer les pulsations
accélérées de mon cœur. L'air n'arrivait plus à
mes poumons. Je chancelais comme un homme
ivre, en allant ouvrir la croisée de ma cham-
bre. Je m'approchai de mon lit et me jetai
dessus. — Vais-je donc perdre la vie ou la raison? me disais-je. Et je me relevai, ne pouvant
rester couché, et je me recouchai, ne pouvant
rester debout. Il me semblait que ma tête allait
éclater, et qu'on me tordait le sein avec des
tenailles. J'étranglais : des muscles de fer me
serraient à la gorge... Ah! l'Idée est une amante qui dans ses fougueux embrassements vous
mord jusqu'à vous faire crier, et ne vous laisse
un moment, pantelant et épuisé, que pour vous
préparer à de nouvelles et plus ardentes caresses. Pour lui faire la cour, il faut, si l'on n'est
pas fort en science, être brave en intuition.
Arrière! dit-elle aux faquins et aux lâches,
vous êtes des profanes! Et elle les laisse se
morfondre hors du sanctuaire. À cette langou-
reuse, superbe et passionnée maîtresse, il faut
des hommes de salpêtre et de bronze pour
amants. Qui sait combien de jours coûte chacun de ses baisers! Une fois ce spasme apaisé '

je m'assis devant ma table. L'Idée vint s'y asseoir à mes côtés. Et, la tête appuyée sur son épaule, une main dans sa main et l'autre dans les boucles de ses cheveux, nous échangeâmes un long regard de calme ivresse. Je me remis à écrire, et à son tour elle se pencha sur moi. Et je sentais son doux contact rallumer la verve dans mon cerveau et dans mon cœur, et son souffle embraser de nouveau mon souffle. Après avoir relu ce que j'avais écrit, et en songeant à cette masse inerte de préjugés et d'ignorances qu'il fallait transformer en individualités actives, en libres et studieuses intelligences, je sentis que les soupçons du doute se glissaient dans mon esprit ; mais l'idée, me parlant à l'oreille, les dissipa bientôt. Une société, me dit-elle, qui dans ses couches les plus obscures, sous la blouse de l'ouvrier, sent gronder de semblables laves révolutionnaires, des tempêtes de soufre et de feu comme il en circule dans tes veines ; une société dans laquelle il se trouve des deshérités pour–oser écrire ce que tu écris, et faire ainsi appel à toutes les révoltes du bras et de l'intelligence ; une société où de pareils écrits trouvent des presses pour les imprimer et des hommes pour serrer la main à leurs auteurs ; où ces auteurs, qui sont des prolétaires, trouvent encore des patrons pour les employer, — sauf exceptions, bien entendu,—et où ces hérétiques de l'ordre

légal peuvent cheminer par les rues sans être
marqués au front d'un fer rouge, et sans qu'on
les traîne au bûcher, eux et leurs livres ; oh,
va, une telle société, bien qu'elle soit officiellement l'ennemie des idées nouvelles, est
bien près de passer à l'ennemi... Si elle n'a pas
encore le sentiment de la moralité de l'Avenir,
du moins n'a-t-elle plus le sentiment de la
moralité du Passé. La société actuelle est comme une forteresse investie de toutes parts et
qui a perdu toute communication avec le corps
d'armée qui la protégeait et qui a été détruit.
Elle sait qu'elle ne peut plus se ravitailler.
Aussi ne se défend-t-elle plus que pour la
forme. On peut calculer d'avance le jour de sa
reddition. Sans aucun doute, il y aura encore
des volées de coups de canon échangées ; mais
quand elle aura épuisé ses dernières munitions,
vidé ses arsenaux et ses greniers d'abondance,
il faudra bien qu'elle amène pavillon. La
vieille société n'ose plus se protéger, ou, si
elle se protège, c'est avec une fureur qui témoigne de sa faiblesse. Les jeunes gens enthou-
siastes du beau peuvent être audacieux et voir
le succès couronner leur audace. Les vieillards
envieux et cruels échoueront toujours dans
leurs caduques témérités. Il y a bien encore
de nos jours, et plus que jamais, des prêtres
pour religionner les âmes, comme il y a des
juges pour tortionner les corps ; des soldats

pour faire pâturer l'autorité, comme des patrons pour vivre aux dépens de l'ouvrier. Mais prêtres et juges, soldats et patrons n'ont plus foi dans leur sacerdoce. Il y a dans leur glorification publique d'eux-mêmes par eux-mêmes comme une arrière-pensée de honte à faire ce qu'il font. Tous ces parvenus, ces porteurs de chasubles ou de simarres, de ceintures garnies de pièces d'or ou de lames d'acier, ne se sentent pas à l'aise entre le monde qui vient et le monde qui s'en va ; ils ont des inquiétudes dans les jambes, il semble qu'ils marchent sur des charbons ardents. Il est vrai qu'ils continuent toujours à officier, à condamner, à fusiller, à exploiter, mais, « dans leur for intérieur, ils ne sont pas bien sûrs de n'être pas des voleurs et des assassins !... » c'est-à-dire qu'ils n'osent pas tout-à-fait se l'avouer, de peur d'avoir trop peur. Ils comprennent vaguement qu'ils sont en rupture de ban, que la société civilisée est une société mal famée, et qu'un jour ou l'autre la Révolution peut opérer dans ce bouge une descente de justice. Le pas de l'avenir résonne sourdement sur le pavé de la rue. Trois coups frappés à la porte, trois coups de tocsin dans Paris, et c'en est fait de l'enjeu et des joueurs !

La Civilisation, cette fille de la Barbarie qui a la sauvagerie pour aïeule, la Civilisation, épuisée par dix-huit siècles de débauches, est

atteinte d'une maladie incurable. Elle est con-
damnée par la science. Il faut qu'elle meure.
Quand ? plus tôt qu'on ne croit, sa maladie est
une phthisie pulmonaire, et, on le sait, les
phthisiques conservent l'apparence de la vie
jusqu'à la dernière heure. Un soir d'orgie elle
se couchera pour ne plus se relever.

Quand l'Idée eut fini de parler, je l'attirai
doucement sur mes genoux et là, entre deux
baisers, je lui demandai le secret des temps
futurs. Elle est si tendre et si bonne pour qui
l'aime ardemment qu'elle ne sut pas me refu-
ser. Et je restai suspendu à ses lèvres et
recueillant chacune de ses paroles, et comme
fasciné par le fluide attractif, par les effluves
de lumière dont m'inondait sa prunelle. Qu'elle était belle ainsi, la gracieuse séductrice ! Je
voudrais pouvoir redire avec tout le charme
qu'elle mit à me le raconter ces magnificences
de l'utopie anarchique, toutes ces fééries du
monde harmonien. Ma plume est trop peu
savante pour en donner autre chose qu'un pâle
aperçu. Que celui qui voudra en connaître les
ineffables enchantements fasse, comme moi,
appel à l'Idée, et que, guidé par elle, il évoque
à son tour les sublimes visions de l'idéal, la
lumineuse apothéose des âges futurs.

II.

Dix siècles ont passé sur le front de l'Humanité. Nous sommes en l'an 2858. — Imaginez un sauvage des premiers âges, arraché du sein de sa forêt primitive et jeté sans transition à quarante siècles de distance au milieu de l'Europe actuelle, en France, à Paris. Supposez qu'une puissance magique ait délié son intelligence et la promène à travers les merveilles de l'industrie, de l'agriculture, de l'architecture, de tous les arts et de toutes les sciences, et que, comme un cicerone, elle lui en montre et lui en explique toutes les beautés. Et maintenant jugez de l'étonnement de ce sauvage. Il tombera en admiration devant toutes ces choses ; il ne pourra en croire ses yeux ni ses oreilles ; il criera au miracle, à la civilisation, à l'utopie !

Imaginez maintenant un civilisé transplanté tout à coup du Paris du 19e siècle au temps originaire de l'humanité. Et jugez de sa stupéfaction en face de ces hommes qui n'ont encore d'autres instincts que ceux de la brute, des hommes qui paissent et qui bêlent, qui beuglent et qui ruminent, qui ruent et qui braient, qui mordent, qui griffent et qui rugissent, des hommes pour qui les doigts, la langue, l'intelligence sont des outils dout ils ne connaissent pas le maniement, un mécanisme dont ils sont hors d'état de comprendre les rouages. Figurez-vous ce civilisé, ainsi exposé à la merci des hommes farouches, à la fureur des bêtes féro-

ces et des éléments indomptés. Il ne pourra
vivre parmi toutes ces monstruosités. Ce sera
pour lui le dégoût, l'horreur, le chaos !

Eh bien ! l'utopie anarchique est à la civilisation ce que la civilisation est à la sauvagerie. Pour celui qui a franchi par la pensée les
dix siècles qui séparent le présent de l'avenir,
qui est entré dans ce monde futur et en a ex-
ploré les merveilles, qui en a vu, entendu et
palpé tous les harmonieux détails, qui s'est
initié à toutes les joies de cette société humanitaire, pour celui-là le monde actuel est encore
une terre inculte et marécageuse, un cloaque
peuplé d'hommes et d'institutions fossiles, une
monstrueuse ébauche de société, quelque chose
d'informe et de hideux que l'éponge des révolutions doit effacer de la surface du globe. La
Civilisation, avec ses monuments, ses lois, ses
mœurs, avec ses frontières de propriétés et ses
ornières de nations, ses ronces autoritaires et
ses racines familliales, sa prostitutionnelle végétation ; la Civilisation avec ses patois anglais,
allemand, français, cosaque, avec ses dieux de
métal, ses fétiches grossiers, ses animalités
pagodines, ses caïmans mitrés et couronnés,
ses troupeaux de rhinocéros et de daims, de
bourgeois et de prolétaires, ses impénétrables
forêts de baïonnettes et ses mugissantes artil-
leries, torrents de bronze allongés sur leurs
affûts et vomissant avec fracas des cascades de

mitraille ; la Civilisation, avec ses grottes de
misère, ses bagnes et ses ateliers, ses maisons
de tolérance et de S¹ Lazare, avec ses monta-
gneuses chaînes de palais et d'églises, de forteresses et de boutiques, ses repaires de prin-
ces, d'évèques, de généraux, de bourgeois,
obscènes macaques, hideux vautours, ours mal
léchés, métallivores et carnivores qui souillent
de leur débauche et font saigner sous leur
griffe la chair et l'intelligence humaines ; la
Civilisation, avec son Evangile pénal et son
Code religieux, ses empereurs et ses papes, ses
potences-constrictor qui vous étranglent un
homme dans leurs anneaux de chanvre et puis
le balancent au haut d'un arbre, après lui avoir
brisé la nuque du cou, ses guillotines-alligator
qui vous le broient comme un chien entre leurs
terribles mâchoires et vous lui séparent la tête
du tronc d'un coup de leur herse triangulaire ;
la Civilisation, enfin, avec ses us et coutumes,
ses chartes et ses constitutions pestilentielles,
son choléra-moral, toutes ses religionnalités et
ses gouvernementalités épidémiques ; la Civilisation, en un mot, dans toute sa sève et son
exubérance, la Civilisation, dans toute sa gloire,
est, pour celui-là qui a fixé du regard l'éblouis-
sant Avenir, ce que serait pour le civilisé la
sauvagerie à l'origine du globe, l'homme nouveau-né au sortir de son moule terrestre et
barbottant encore dans les menstrues du

chaos ; comme aussi l'utopie anarchique est,
pour le civilisé, ce que serait pour le sauvage
la révélation du monde civilisé ; c'est-à-dire
quelque chose d'hyperboliquement bon, d'hyperboliquement beau, quelque chose d'ultra et
d'extra-naturel, le paradis de l'homme sur la
terre.

III.

L'homme est un être essentiellement révolutionnaire. Il ne saurait s'immobiliser sur
place. Il ne vit pas de la vie des bornes, mais
de la vie des astres. La nature lui a donné le
mouvement et la lumière, c'est pour graviter
et rayonner. La borne elle-même, bien que
lente à se mouvoir, ne se transforme-t-elle pas
chaque jour imperceptiblement jusqu'à ce
qu'elle se soit entièrement métamorphosée, et
ne continue-t-elle pas dans la vie éternelle ses
éternelles métamorphoses ?

Civilisés, voulez-vous donc être plus bornes
que les bornes ?

— « Les révolutions sont des conservations. »

— Révolutionnez-vous donc, afin de vous
conserver.

Dans l'aride désert où est campée notre
génération, l'oasis de l'anarchie est encore,
pour la caravane fatiguée de marches et de
contre-marches, un mirage flottant à l'aven-

ture. Il dépend de l'intelligence humaine de solidifier cette vapeur, d'en fixer le fantôme aux ailes d'azur, sur le sol, de lui donner un corps. Voyez-vous là-bas, aux fins fonds de l'immense misère, voyez-vous un nuage sombre et rougeâtre s'élever à l'horizon ? C'est le Simoun révolutionnaire. Alerte ! civilisés. Il n'est que temps de plier les tentes, si vous ne voulez être engloutis sous cette avalanche de sables brûlants. Alerte ! et fuyez droit devant vous. Vous trouverez la source fraîche, la verte pelouse, les fleurs parfumées, les fruits savoureux, un abri protecteur sous de larges et hauts ombrages. Entendez-vous le Simoun qui vous menace ? voyez-vous le mirage qui vous sollicite ? Alerte ! Derrière vous, c'est la mort ; à droite et à gauche, c'est la mort ; où vous stationnez, c'est la mort... Marchez ! devant vous, c'est la vie. Civilisés, civilisés, je vous le dis : le mirage n'est point un mirage, l'utopie n'est point une utopie ; ce que vous prenez pour un fantôme c'est la réalité !...

IV.

Et, m'ayant donné trois baisers, l'Idée écarta le rideau des siècles et découvrit à mes yeux la grande scène du monde futur, où elle allait me donner pour spectacle l'Utopie anarchique.

LE MONDE FUTUR.

La liberté mutuelle est la loi commune.

ÉMILE DE GIRARDIN.

Et la terre, qui était sèche, reverdit et tous purent manger de ses fruits, et aller et venir sans que personne leur dit : Où allez-vous ! on ne passe point ici.

Et les petits enfants cueillaient des fleurs, et les apportaient à leur mère, qui doucement leur souriait.

Et il n'y avait ni pauvres ni riches, mais tous avaient en abondance les choses nécessaire à leurs besoins, parce que tous s'aimaient et s'aidaient en frères.

(PAROLES D'UN CROYANT.)

Et d'abord, la Terre a changé de physionomie. A la place des plaies marécageuses qui lui dévoraient les joues, brille un duvet agricole, moisson dorée de la fertilité. Les montagnes semblent aspirer avec frénésie le grand air de la liberté, et balancent sur leurs âmes leur beau panache de feuillage. Les déserts de sables ont fait place à des forêts peuplées de chênes, de cèdres, de palmiers, qui foulent aux pieds un épais tapis de mousse, molle verdure émaillée de toutes les fleurs amoureuses de frais ombrages et de clairs ruisseaux. Les cratères ont été muselés, l'on a fait taire leur éruption dévastatrice, et l'on a donné un cours utile à ces réservoirs de lave. L'air, le feu, et l'eau,

tous les éléments aux instincts destructeurs
ont été domptés, et captifs sous le regard de
l'homme, ils obéissent à ses moindres volontés. Le ciel a été escaladé. L'électricité porte
l'homme sur ses ailes et le promène dans les
nues, lui et ses steamboats aériens. Elle lui
fait parcourir en quelques secondes des espaces que l'on mettrait aujourd'hui des mois
entiers à franchir sur le dos des lourds bâtiments marins. Un immense réseau d'irriga-
tions couvre les vastes prairies, dont on a jeté
au feu les barrières et où paissent d'innombrables troupeaux destinés à l'alimentation de
l'homme. L'homme trône sur ses machines de
labour, il ne féconde plus le champ à la vapeur
de son corps, mais à la sueur de la locomotive.
Non-seulement on a comblé les ornières des
champs, mais on a aussi passé la herse sur les
frontières des nations. Les chemins de fer, les
ponts jetés sur les détroits et les tunnels sous-
marins, les bâtiments-plongeurs et les aéros-
tats, mûs par l'électricité, ont fait de tout le
globe une cité unique dont on peut faire le tour
en moins d'une journée. Les continents sont
les quartiers ou les districts de la ville universelle. De monumentales habitations, dissémi-
nées par groupes au milieu des terres culti-
vées, en forment comme les squares. Le globe
est comme un parc dont les océans sont les
piéces d'eau ; un enfant peut, en jouant au

ballon, les enjamber aussi lestement qu'un ruisseau. L'homme, tenant en main le sceptre de la science, a désormais la puissance qu'on attribuait jadis aux dieux, au bon vieux temps des hallucinations de l'ignorance, et il fait à son gré la pluie et le beau temps ; il commande aux saisons, et les saisons s'inclinent devant leur maître. Les plantes tropicales s'épanouissent à ciel découvert dans les régions polaires ; des canaux de lave en ébullition serpentent à leurs pieds ; le travail naturel du globe et le travail artificiel de l'homme ont transformé la température des pôles, et ils ont déchaîné le printemps là où régnait l'hiver perpétuel. Toutes les villes et tous les hameaux du monde civilisé, ses temples, ses citadelles, ses palais, ses chaumières, tont son luxe et toutes ses misères ont été balayés du sol comme des immondices de la voie publique ; il ne reste plus de la civilisation que le cadavre historique, relégué au Mont-Faucon du souvenir. Une architecture grandiose et élégante, comme rien de ce qui existe aujourd'hui ne saurait donner le croquis, a remplacé les mesquines proportions et les pauvretés de style des édifices des civilisés. Sur l'emplacement de Paris, une construction colossale élève ses assises de granit et de marbre, ses piliers de fonte d'une épaisseur et d'une hauteur prodigieuse. Sous son vaste dôme en fer découpé à jour et posé, comme une dentelle, sur un fond de cristal, un million de promeneurs peuvent se réunir sans y être foulés. Des galeries circulaires, étagées les unes sur les autres et plantées d'arbres comme des boulevards, forment autour de ce cirque immense une immense ceinture qui n'a pas moins de vingt lieues de circonférence. Au milieu de ces galeries une voie ferrée transporte, dans de légers et gracieux wagons, les promeneurs d'un point à un autre, les prend et les dépose où il leur plaît. De chaque côté de la voie ferrée est une avenue de mousse, une pelouse ; puis, une avenue sablée pour les cavaliers ; puis, une avenue dallée ou parquetée ; puis, enfin, une avenue recouverte d'un épais et moelleux tapis. Tout le long de ces avenues sont échelonnés des divans et des berceuses à sommiers élastiques et à étoffes de soie et de velours, de laines et de toiles perses ; et aussi des bancs et des fauteuils en bois vernis, en marbre ou en bronze, nus ou garnis de sièges en tresse ou en cuir, en drap uni ou en fourrure tachetée ou tigrée. Sur les bords de ces avenues, des fleurs de toutes les contrées, s'épanouissant sur leurs tiges, ont pour parterre de longues consoles en marbre blanc. De distance en distance se détachent de légères fontaines, les unes en marbre blanc, en stuc, en agate et bronze, plomb et argent massif ; les autres en marbre noir, en brèche violette, en

jaune de sienne, en malaquite, en granit, en
cailloux, en coquillages et cuivre et or et fer.
Le tout mélangé ensemble ou en partie avec
une entente parfaite de l'harmonie. Leur forme, variée à l'infini, est savamment mouve-
mentée. Des sculptures, œuvres d'habiles
artistes, animent par d'idéales fantaisies ces
urnes d'où, le soir, jaillissent avec des flots et
des jets d'eau limpide des jets et des flots de
lumière, cascades de diamants et de lave qui
ruissellent à travers les plantes et les fleurs
aquatiques. Les piliers et les plafonds des
galeries sont d'une ornementation hardie et
fortement accentuée. Ce n'est ni grec, ni ro-
main, ni mauresque, ni gothique, ni renaissan-
ce ; c'est quelque chose de témérairement
beau, d'audacieusement gracieux, c'est la pureté du profil avec la lasciveté du contour,
c'est souple et c'est nerveux ; cette ornementation est à l'ornementation de nos jours ce
que la majesté du lion, ce superbe porte-cri-
nière, est à la pataudité et à la nudité du rat. La
pierre, le bois et le métal concourent à la décoration de ces galeries, et s'y marient harmo-
nieusement. Sur des fonds d'or et d'argent se
découpent des sculptures en bois de chêne, en
bois d'érable, en bois d'ébène. Sur des champs
de couleurs tendres ou sévèrement en relief,
des rinceaux de fer et de plomb galvanisés.
Des muscles de bronze et de marbre divisent

toute cette riche charnure en mille compartiments, et en relient l'unité. D'opulentes dra-
peries pendent le long des arcades qui, du
côté interne, sont ouvertes sur le cirque, et,
du côté externe, fermées aux intempéries des
saisons par une muraille de cristal. A l'intérieur, des colonnades formant vérandha sup-
portent à leur faîte un entablement crénelé
à plate-forme ou terrasse, comme une forteresse ou un colombier, et livrent passage, par
ces ouvertures architecturales, aux visiteurs
qui en descendent ou qui y montent au moyen
d'un balcon mobile s'élevant ou s'abaissant à la
moindre pression. Ces galeries circulaires,
régulières quant à l'ensemble, mais différentes
quant aux détails, sont coupées de distance en
distance par des corps de bâtiments en saillie
d'un caractère plus imposant encore. Dans ces
pavillons, qui sont comme les maillons de cette
chaîne d'avenues, il y a les salons de ratraî-
chissements et de collations, les salons de
causerie et de lecture, de jeux et de repos, d'a-
musements et de récréations, pour l'âge viril
comme pour l'âge enfantin. Dans ces sortes de
reposoirs, ouverts à la foule bigarrée des pè-
lerins, tous les raffinements du luxe, qu'on
pourrait de nos jours appeler aristocratique,
semblent y avoir été épuisés, tout y est d'une
richesse et d'une élégance féérique. Ces pavillons à leur étage inférieur, sont autant de

péristyles par où l'on entre dans l'immense arène. Ce nouveau Colysée, dont nous venons d'explorer les gradins, a son arène comme les anciens colysées : c'est un parc parsemé de massifs d'arbres, de pelouses, de plates-bandes de fleurs, de grottes rustiques et de kiosques somptueux. La Seine et une infinité de canaux et de bassins de toutes les formes, eaux vives et eaux dormantes, s'étalent ou courent, reposent ou serpentent au milieu de tout cela. De larges avenues de marronniers et d'étroits sentiers bordés de haies, et couverts de chèvre-feuille et d'aubépine, les sillonnent dans tous les sens. Des groupes de bronze et de marbre, chefs-d'œuvre de la statuaire, jalonnent ces avenues et y trônent par intervalles, ou se mirent, au détour de quelque sentier dérobé, dans le cristal d'une fontaine solitaire. Le soir, de petits globes de lumière électrique projettent, comme des étoiles, leurs timides rayons sur les ombrages de verdure, et plus loin, au-dessus de la partie la plus découverte, une énorme sphère de lumière électrique verse de son orbe des torrents de clarté solaire. Des calorifères, brasiers infernaux, et des ventilateurs, poumons éoliens, combinent leurs efforts pour produire dans cette enceinte un climat toujours tempéré, une floraison perpétuelle. C'est quelque chose de mille et une fois plus magique que les palais et les jardins

des Mille et une Nuits. Des yoles aérostati-
ques, des canotiers aériens traversent à vol
d'oiseau cette libre volière humaine, vont,
viennent, entrent et sortent, se poursui vent
ou se croisent dans leurs capricieuses évolutions. Ici ce sont des papillons multicolores
qui voltigent de fleurs en fleurs, là des oiseau x
des zônes équatoriales qui folâtrent en toute
liberté. Les enfants s'amusent sur les pelouses
avec les chevreuils et les lions devenus des
animaux domestiques ou *civilisés*, et ils s'en
servent comme de dadas pour monter dessus
ou les atteler à leurs brouettes. Les pan thères,
apprivoisées comme des chats, grimpent après
les colonnes ou les arbres, sau tent sur l'épaule
de roc des grottes, et, dans leurs bonds
superbes ou leurs capricieuses minauderies,
dessinent autour de l'homme les plus gra-
cieuses courbes, et, rampantes à ses pieds, sol-
licitent de lui un regard ou une caresse. Des
orgues souterraines, mugissements de vapeur
ou d'électricité, font entendre par moment
leur voix de basse-taille et, comme d'un commun concert, mêlent leurs sourdes notes au
ramage aigu des oiseaux chanteurs, ces légers
ténors. Au centre à peu près de cette vallée de
l'harmonie s'élève un labyrinthe, au faîte duquel est un bouquet de palmiers. Au pied de
ces palmiers est une tribune en ivoire et bois
de chêne, du plus beau galbe. Au-dessus de

cette tribune, et adossée aux tiges des palmiers, est suspendue une large couronne en acier poli entourant une toque de satin azur proportionnée à la couronne. Une draperie en velours et en soie grenat, à frange d'argent, et supportée par des torsades en or, retombe en boucles par derrière. Sur le devant des bandeaux est une grosse étoile en diamant, surmontée d'un croissant et d'une aigrette de flamme vive. De chaque côté sont deux mains en bronze, également attachées au bandeau, une à droite et l'autre à gauche, servant d'agraffes à deux ailes également de flamme vive. C'est à cette tribune que, dans les jours de solennité, montent ceux qui veulent parler à la foule. On comprend que, pour oser aborder pareille chaire, il faille être autre chose que nos tribuns et parlementaires. Ceux-ci seraient littéralement écrasés sous le poids moral de cette couronne ; ils sentiraient sous leurs pieds le plancher frémir de honte et s'écarter pour les engloutir. Aussi ces hommes qui viennent prendre place sous ce diadème et sur ces degrés allégoriques, ne sont-ils que ceux qui ont à répandre, du haut de cette urne de l'intelligence, quelque grande et féconde pensée, perle enchassée dans une brillante parole, et qui, sortie de la foule, retombe sur la foule comme la rosée sur les fleurs. La tribune est libre. Y monte qui veut, — mais ne le veut que qui peut y monter. Dans ce monde-là, qui est bien différent du nôtre, on a le sublime orgueil de n'élever la voix en public que pour dire quelque chose. Icare n'eût pas osé y essayer ses ailes, il eût été trop certain de choir. C'est qu'il faut mieux qu'une intelligence de cire pour tenter l'ascension de la parole devant un pareil auditoire. Un ingénieux mécanisme acoustique permet à ce million d'auditeurs d'entendre distinctement toutes les paroles de l'orateur, si éloigné que chacun soit de lui Des instruments d'optique admirablement perfectionnés, permettent d'en suivre les mouvements, ceux du geste et de la physionomie, à une très-grande distance.

Vu par les yeux du Passé, ce colossal carrousel, avec toutes ses vagues humaines, avait pour moi, l'aspect grandiose de l'Océan. Vu par les yeux de l'Avenir, nos académies de législateurs et nos conseils démocratiques, le palais Bourbon et la salle Martel, ne m'apparaissaient plus que sous la forme d'un verre d'eau. Ce que c'est que l'homme et comme il voit différemment les choses, selon que le panorama des siècles roule ou déroule ses perspectives. Ce qui pour moi était l'utopie était pour eux tout ordinaire. Ils avaient des rêves bien autrement gigantesques et que ne pouvait embrasser ma petite imagination. J'entendis parler de projets tellement au-des.

sus du vulgaire que c'est à peine si je pouvais
en saisir le sens. Quelle figure, disais-je en
moi-même, ferait au milieu de ces gens-là un
civilisé de la rue des Lombards : il aurait beau
se mettre la tête dans son mortier, la broyer
comme un noyau de pêche, en triturer le cerveau, il ne parviendrait jamais à en extraire
un rayon d'intelligence capable seulement
d'en comprendre le plus petit mot.

Ce monument dont j'ai essayé de donner un
croquis, c'est le palais ou pour mieux dire le
temple des arts et des sciences, quelque chose
dans la société ultérieure comme le Capitole et
le Forum dans la société antérieure. C'est le
point central où viennent aboutir tous les
rayons d'un cercle et d'où ils se répandent
ensuite à tous les points de la circonférence. Il
s'appelle le *Cyclidéon*, c'est-à-dire « lieu consa-
cré au circulus des idées, » et par conséquent
à tout ce qui est le produit de ces idées ; c'est
l'autel du culte social, l'église anarchique de
l'utopiste humanité.

Chez les fils de ce nouveau monde, il n'y a
ni divinité ni papauté, ni royauté ni dieux, ni
rois ni prêtres. Ne voulant pas être esclaves, ils
ne veulent pas de maîtres. Etant libres, ils n'ont
de culte que ~~celui de la~~ liberté, aussi la prati-
quent-ils d~~ès leur enfance~~ et la confessent-ils
à tous les m~~oments~~ ~~jus~~que dans les derniers
moments de ~~leur vie. Leur~~ communion anar-

chique n'a besoin ni de bibles ni de codes ; chacun d'eux porte en soi sa loi et son prophète,
son cœur et son intelligence. Ils ne font pas à
autrui ce qu'ils ne voudraient pas que leur fît
autrui, et ils font à autrui ce qu'ils voudraient
qu'autrui leur fît. Voulant le bien pour eux,
ils font le bien pour les autres. Ne voulant pas
qu'on attente à leur libre volonté, ils n'attentent pas à la libre volonté de autres. Aimants,
aimés, ils veulent croître dans l'amour et mul-
tiplier par l'amour. Hommes, ils rendent au
centuple à l'Humanité ce qu'enfants ils ont
coûté de soins à l'Humanité, et à leur pro-
cbain les sympathies qui sont dues à leur
prochain : regard pour regard, sourire pour
sourire, baiser pour baiser, et, au besoin, morsure pour morsure. Ils savent qu'ils n'ont
qu'une mère commune, l'Humanité, qu'ils
sont tous frères, et que fraternité oblige Ils
ont conscience que l'harmonie ne peut exister
que par le concours des volontés individuelles,
que la loi naturelle des attractions est la loi
des infiniment petits comme des infiniment
grands, que rien de ce qui est sociable ne peut
se mouvoir que par elle, qu'elle est la pensée
universelle, l'unité des unités, la sphère des
sphères, qu'elle est immanente et permanente
dans l'éternel mouvement ; et ils disent : En
dehors de l'anarchie pas de salut ! et ils ajou-
tent : Le bonheur, il est de notre monde. Et

tous sont heureux, et tous rencontrent sur leur chemin les satisfactions qu'ils cherchent. Ils frappent, et toutes les portes s'ouvrent ; la sympathie, l'amour, les plaisirs et les joies répondent aux battements de leur cœur, aux pulsations de leur cerveau, aux coups de marteau de leur bras; et, debout sur leurs seuils, ils saluent le frère, l'amant, le travailleur ; et la Science, comme une humble servante, les introduit plus avant sous le vestibule de l'inconnu.

Et vous voudriez une religion, des lois chez un pareil peuple ? Allons donc ! Ou ce serait un péril, ou ce serait un hors-d'œuvre. Les lois et les religions sont faites pour les esclaves par des maîtres qui sont aussi des esclaves. Les hommes libres ne portent ni lien spirituel ni chaines temporelles. L'homme est son roi et son Dieu — »

« Moi et mon droit, » telle est sa devise.

Sur l'emplacement des principales grandes villes d'aujourd'hui, l'on avait construit des *Cyclidéons*, non pas semblables, mais analogues à celui dont j'ai donné la description. Ce jour-là, il y avait dans celui-ci exhibition universelle des produits du génie humain. Quelquefois ce n'étaient que des expositions partielles, expositions de district ou de continent. C'est à l'occasion de cette solennité que trois ou quatre orateurs avaient prononcé des discours.

Dans ce cyclique des poétiques labeurs du bras et de l'intelligence était exposé tout un musée de merveilles. L'agriculture y avait apporté ses gerbes, l'horticulture ses fleurs et ses fruits, l'industrie ses étoffes, ses meubles, ses parures, la science tous ses engrenages, ses mécanismes, ses statistiques, ses théories. L'architecture y avait apporté ses plans, la peinture ses tableaux, la sculpture et la statuaire ses ornements et ses statues, la musique et la poésie les plus purs de leurs chants. Les arts comme les sciences avaient mis dans cet écrin leurs plus riches joyaux.

Ce n'était pas un concours comme nos concours. Il n'y avait ni jury d'admission ni jury de récompenses triés par la voix du sort ou du scrutin, ni grand prix octroyé par des juges officiels, ni couronnes, ni brevets, ni lauréats, ni médailles. La libre et grande voix publique est seule juge souveraine. C'est pour complaire à cette puissance de l'opinion que chacun vient lui soumettre ses travaux, et c'est elle qui, en passant devant les œuvres des uns et des autres, leur décerne selon ses aptitudes spéciales, non pas des hochets de distinction, mais des admirations plus ou moins vives, des examens plus ou moins attentifs, plus ou moins dédaigneux. Aussi, ses jugements sont-ils toujours équitables, toujours à la condamnation des moins braves, toujours à la louange des plus

vaillants, toujours un encouragement à l'ému-
lation, pour les faibles comme pour les forts.
C'est la grande redresseuse de torts ; elle qui
témoigne à tous individuellement qu'ils ont
plus ou moins suivi le sentier de leur vocation,
qu'ils s'en sont plus ou moins écartés ; et
l'avenir se charge de ratifier ses maternelles
observations. Et tous ses fils se grandissent à
l'envi par cette instruction mutuelle, car tous
ont l'orgueilleuse ambition de se distinguer
également dans leurs divers travaux.

Au sortir de cette fête, je montai en aérostat
avec mon guide, nous naviguâmes une minute
dans les airs et nous débarquâmes bientôt sur
le perron d'un des squares de l'universelle
cité. C'est quelque chose comme un phalanstère, mais sans aucune hiérarchie, sans aucune
autorité, où tout, au contraire, témoigne de
la liberté et de l'égalité, de l'anarchie la plus
complète. La forme de celui-ci est à peu près
celle d'une étoile, mais ses faces rectangulaires
n'ont rien de symétrique, chacune a son type
particulier. L'architecture semble avoir mo-
delé dans les plis de leur robe structurale toutes les ondulations de la grâce, toutes les
courbes de la beauté. Les décorations intérieu-
res sont d'une somptuosité élégante. C'est un
heureux mélange de luxe et de simplicité, un
harmonieux choix de contrastes. La population
y est de cinq à six mille personnes. Chaque

homme et chaque femme a son appartement
séparé, qui est composé de deux chambres à
coucher, d'un cabinet de bains ou de toilette,
d'un cabinet de travail ou bibliothèque, d'un
petit salon, et d'une terrasse ou serre chaude
remplie de fleurs et de verdure. Le tout est
aéré par des ventilateurs et chauffé par des
calorifères, ce qui n'empêche pas qu'il y ait
aussi des cheminées pour l'agrément de la
vue : l'hiver, à défaut de soleil, on aime à voir
rayonner la flamme dans le foyer. Chaque appartement a aussi ses robinets d'eau et de lumière. L'ameublement est d'une splendeur
artistique qui ferait honte aux princiers haillons de nos aristocraties contemporaines. Et
encore chacun peut-il à son gré y ajouter ou y
restreindre, en simplifier ou en enrichir les
détails ; il n'a qu'à en exprimer le désir. Veut-
il occuper le même appartement longtemps, il
l'occupe ; veut-il en changer tous les jours, il
en change. Rien de plus facile, il y en a toujours de vacants à sa disposition. Ces appartements, par leur situation, permettent à chacun
d'y entrer ou d'en sortir sans être vu. D'un
côté, à l'intérieur, est une vaste galerie donnant sur le parc, qui sert de grande artère à
la circulation des habitants. De l'autre côté,
à l'extérieur, est un labyrinthe de petites galeries intimes où la pudeur et l'amour se
glissent à la dérobée. Là dans cette société

anarchique, la famille et la propriété légales
sont des institutions mortes, des hyérographes
dont on a perdu le sens : une et indivisible est
la famille, une et indivisible est la propriété.
Dans cette communion fraternelle, libre est le
travail, et libre est l'amour. Tout ce qui est
œuvre du bras et de l'intelligence, tout ce qui
est objet de production et de consommation,
capital commun, propriété collective, APPAR-
TIENT A TOUS ET A CHACUN. Tout ce qui est œuvre
du cœur, tout ce qui est d'essence intime, sensation et sentiment individuels, capital particulier, propriété corporelle, tout ce qui est
homme, enfin, dans son acception propre, quel
que soit son âge ou son sexe, S'APPARTIENT.
Producteurs et consommateurs produisent et
consomment comme il leur plaît, quand il leur
plaît et où il leur plaît. « *La Liberté est libre.* »
Personne ne leur demande : Pourquoi ceci ?
pourquoi cela ? Fils des enfants de riches, à
l'heure de la récréation puisent dans la corbeille de leurs jouets et y prennent l'un un cerceau,
l'autre une raquette, celui-ci une balle et
celui-là un arc, s'amusent ensemble ou séparé-
ment, et changent de camarades ou de joujous
au gré de leur fantaisie, mais toujours sollici-
tés au mouvement par la vue des autres et par
le besoin de leur nature turbulente ; tels aussi
les fils de l'anarchie, hommes ou femmes, choi-
sissent dans la communauté l'outil et le labeur

qui leur convient, travaillent isolément ou par
groupes, et changent de groupes ou d'outils
selon leurs caprices, mais toujours stimulés à
la production par l'exemple des autres et par
le charme qu'ils éprouvent à jouer ensemble à
la création. Tels encore à un dîner d'amis, les
convives boivent et mangent à la même table,
s'emparent à leur choix d'un morceau de tel
ou tel mets, d'un verre de tel ou tel vin, sans
que jamais aucun deux n'abuse avec glouton-
nerie d'une primeur ou d'un vin rare ; et tels
aussi les hommes futurs, à ce banquet de la
communion anarchique, consomment selon
leur goût de tout ce qui leur paraît agréable,
sans jamais abuser d'une primeur savoureuse
ou d'un produit rare. C'est à qui plutôt n'en
prendra que la plus petite part. — A table-
d'hôte, en pays civilisé, le commis-voyageur,
l'homme de commerce, le bourgeois, est grossier et brutal : il est inconnu et il paie. C'est de
mœurs légales. A un repas de gens triés, l'homme du monde, l'aristocrate, est décent et cour-
tois : il porte son nom blasonné sur son visage,
et l'instinct de la réciprocité lui commande la
civilité. Qui oblige les autres s'oblige. C'est de
mœurs libres. Comme ce courtaud du commerce, la liberté légale est grossière et brutale ; la
liberté anarchique, elle, a toutes les délicates-
ses de la bonne compagnie.

Hommes et femmes font l'amour quand il

leur plaît, comme il leur plaît, et avec qui leur plaît. Liberté pleine et entière de part et d'autre. Nulle convention ou contrat légal ne les lie. L'attrait est leur seule chaîne, le plaisir leur seule règle. Aussi, l'amour est-il plus durable et s'entoure-t-il de plus de pudeur que chez les civilisés. Le mystère dont ils se plaisent à envelopper leurs libres liaisons y ajoute un charme toujours renaissant. Ils regarderaient comme une offense à la chasteté des mœurs et comme une provocation aux jalouses infirmités, de dévoiler à la clarté publique l'intimité de leurs sexuelles amours. Tous, en public, ont de tendres regards les uns pour les autres, des regards de frères et sœurs, le vermeil rayonnement de la vive amitié; l'étincelle de la passion ne luit que dans le secret, comme les étoiles, ces chastes lueurs, dans le sombre azur des nuits. Les amours heureuses recherchent l'ombre et la solitude. C'est à ces sources cachées qu'elles puisent les limpides bonheurs. Il est pour des cœurs épris l'un de l'autre des sacrements qui doivent rester ignorés des profanes. — Dans le monde civilisé, hommes et femmes affichent à la mairie et à l'église la publicité de leur union, étalent la nudité de leur mariage aux lumières d'un bal paré, au milieu d'un quadrille et avec accompagnement d'orchestre : tout l'éclat, tout le bacanal voulu. Et, coutume scandaleuse du lu-

panar nuptial, à l'heure dite, on arrache par
la main des matrones la feuille de vigne des
lèvres de la mariée ; on la prépare ignoble-
ment à d'ignobles bestialités. — Dans le monde
anarchique, on détournerait la vue avec rou-
geur et dégoût de cette prostitution et de ces
obscénités. Tous ces hommes et toutes ces
femmes vendues, ce commerce de cachemires
et d'études, de cotillons et de pot-au-feu, cette
profanation de la chair et de la pensée humaine, cette crapularisation de l'amour, — si les
hommes de l'avenir pouvaient s'en faire une
image, ils frissonneraient d'horreur comme
nous frissonnerions, nous, dans un rêve, à la
pensée d'un affreux reptile qui nous étrein-
drait de ses froids et mortels replis, et nous
inonderait le visage de sa tiède et venimeuse
bave.

Dans le monde anarchique, un homme peut
avoir plusieurs amantes, et une femme plusieurs amants, sans nul doute. Les tempéra-
ments ne sont pas tous les mêmes, et les attractions sont proportionnelles à nos besoins. Un
homme peut aimer une femme pour une chose,
et en aimer une autre pour une autre chose, et
réciproquement de l'homme à la femme. Où
est le mal, s'ils obéissent à leur destinée ? Le
mal serait de la violenter et non de la satisfaire. Le libre amour est comme le feu, il purifie
tout. Ce que je puis dire, c'est que, dans le

monde anarchique, les amours volages sont le
très-petit nombre, et les amours constants,
les amours exclusifs, les amours à deux, sont
le très-grand nombre. L'amour vagabond est
la recherche de l'amour, c'en est le voyage, les
émotions et les fatigues, ce n'en est pas le but.
L'amour unique, l'amour perpétuel de deux
cœurs confondus dans une attraction réciproque, telle est la suprême félicité des amants,
l'apogée de l'évolution sexuelle ; c'est le ra-
dieux foyer vers lequel tendent tous les
pèlerinages, l'apothéose du couple humain, le
bonheur à son zénith.

A l'heure où l'on aime, douter de la perpé-
tuité de son amour n'est-ce pas l'infirmer ? Ou
l'on doute, et alors on n'aime pas ; ou l'on
aime, et alors on ne doute pas. Dans la vieille
société l'amour n'est guère possible ; il n'est
jamais qu'une illusion d'un moment, trop de
préjugés et d'intérêts contre-nature sont là
pour le dissiper, c'est un feu aussitôt éteint
qu'allumé et qui s'en va en fumée. Dans la
société nouvelle, l'amour est une flamme trop
vive et les brises qui l'entourent sont trop
pures, trop selon la douce, suave et humaine
poésie, pour qu'il ne se fortifie pas dans son
ardeur et ne s'exalte pas au contact de tous ces
souffles. Loin de l'appauvrir, tout ce qu'il
rencontre lui sert d'aliment. Ici le jeune homme comme la jeune fille ont tout le temps de

se connaître. Egaux par l'éducation comme par
la position sociale, frère et sœur en arts et en
sciences, en études et en travaux profession-
nels, libres de leurs pas, de leurs, gestes de
leurs paroles, de leurs regards, libres de leurs
pensée comme de leurs actions, ils n'ont qu'à
se chercher pour se trouver. Rien ne s'est
opposé à leur rencontre, rien ne s'oppose à la
pudeur de leurs premiers aveux, à la volupté
de leurs premiers baisers. Ils s'aiment, non
parce que telle est la volonté de pères et de
mères, par intérêts de boutique ou par débauche génitale ou cérébrale, mais parce que la
nature les a disposés l'un pour l'autre, qu'elle
en a fait deux cœurs jumeaux, unis par un
même courant de pensées, fluide sympathique
qui répercute toutes leurs pulsations et met
en communication leurs deux êtres.

Est-ce l'amour que l'amour des civilisés,
l'amour à formes nues, l'amour public, l'amour
légal ? C'en est la sauvagerie, quelque chose
comme une grossière et brutale intuition. L'a-
mour chez les harmonisés, l'amour artistement
voilé, l'amour chaste et digne, bien que sensitif
et passionnel, l'amour anarchique, voilà qui
est humainement et naturellement l'amour,
c'en est l'idéal réalisé, la scientification. Le
premier est l'amour animal, celui-ci est l'a-
mour hominal. L'un est obscénité et vénalité,
sensation de la brute, sentiment de crétin ;

l'autre est pudicité et liberté, sensation et sentiment d'être humain.

Le principe de l'amour est un. pour le sauvageon comme pour l'hominal, pour l'homme des temps civilisés comme pour l'homme des temps harmoniques, c'est la beauté. Seulement, la beauté pour les hommes antérieurs et inférieurs, pour les fossiles de l'Humanité, c'est la carnation sanguine et replète, l'enceinture informe et bariolée, un luxe de viande ou de crinoline, de plumes d'oiseaux de mer ou de rubans autruchiens, c'est la Vénus hottentote ou la poupée de salon. Pour les hommes ultérieurs et supérieurs, la beauté n'est pas seulement dans l'étoffe charnelle, elle est aussi dans la pureté des formes, dans la grâce et la majesté des manières, dans l'élégance et le choix des parures, et surtout dans le luxe, dans les magnificences du cœur et cerveau.

Chez ces perfectibilisés, la beauté n'est pas un privilège de naissance non plus que le reflet d'une couronne d'or, comme dans les sociétés sauvages et bourgeoises, elle est la fille de ses œuvres, le fruit de son propre labeur, une acquisition personnelle. Ce qui illumine leur visage ce n'est pas le reflet extérieur d'un métal inerte pour ainsi dire, chose vile, c'est le rayonnement de tout ce qu'il y a dans l'homme d'idées en ébullition, de passions vaporisées, de chaleur en mouvement, gravitation continue qui, arrivée au faîte du corps humain, au crâne, filtre à travers ses pores, en découle, en ruisselle en perles impalpables, et, essence lumineuse, en inonde toutes les formes et tous les mouvements externes, en sacre l'individu.

Qu'est-ce, en définitive, que la beauté physique ? La tige dont la beauté mentale est la fleur. Toute beauté vient du travail ; c'est par le travail qu'elle croît et s'épanouit au front de chacun, couronne intellectuelle et morale.

L'amour essentiellement charnel, l'amour qui n'est qu'instinct, n'est, pour la race humaine, que l'indice, que la racine de l'amour. Il végète opaque et sans parfum, enfoncé dans les immondices du sol et livré aux embrassements de cette fange. L'amour hominalisé, l'amour qui est surtout intelligence, en est la corolle aux chairs transparentes, émail corporel d'où s'échappent des émanations embaumées, libre encens, invisibles atômes qui couvrent les champs et montent aux nues.

— A Humanité en germe, amour immondé...
— A Humanité en fleur, fleur d'amour.

Ce square ou phalanstère, je l'appellerai désormais Humanisphère, et cela à cause de l'analogie de cette constellation humaine avec le groupement et le mouvement des astres, organisation attractive, anarchie passionnelle et harmonique. Il y a l'Humanisphère simple et l'Humanisphère composée, c'est-à-dire l'Humanisphère considérée dans son individualité, ou monument et groupe embryonnaires, et l'Humanisphère considérée dans sa collectivité, ou monument et groupe harmoniques. Cent Humanisphères simples groupées autour d'un Cyclidéon forment le premier anneau de la chaîne sériaire et prennent le nom de « Humanisphère communale. » Toutes les Humanisphères communales d'un même continent forment le premier maillon de cette chaîne et prennent le nom de « Humanisphère continentale. » La réunion de toutes les Humanisphères continentales forme le complément de la chaîne sériaire et prennent le nom de « Humanisphère universelle. »

L'Humanisphère simple est un bâtiment composé de douze ailes soudées les unes aux autres et simulant l'étoile, (celui du moins dont j'entreprends ici la description, car il y en a de toutes les formes, la diversité étant une condition de l'harmonie). Une partie est réservée aux appartements des hommes et des femmes. Ces appartements sont tous séparés par des murailles que ne peuvent percer ni la voix ni le regard, cloisons qui absorbent la lumière et le bruit, afin que chacun soit bien chez soi et puisse y rire, danser, chanter, faire de la musique même (ce qui n'est pas toujours amusant pour l'auditeur forcé), sans incommoder

ses voisins et sans être incommodé par eux.
Une autre partie est disposée pour l'appartement des enfants. Puis viennent les cuisines, la
boulangerie, la boucherie, la poissonnerie, la
laiterie, la légumerie ; puis la buanderie, les
machines à laver, à sécher, à repasser, la linge-
rie, puis les ateliers pour tout ce qui a rapport
aux diverses industries, les usines de toutes
sortes ; les magasins de vivres et les magasins
de matières et d'objets confectionnés. Ailleurs
ce sont les écuries et les étables pour quelques
animaux de plaisance qui le jour errent en
liberté dans le parc intérieur, et avec lesquels
jouent au cavalier ou au cocher les petits enfants ou les grandes personnes ; auprès sont
les remises pour les voitures de fantaisie, à la
suite vient la sellerie, les hangards des outils
et des locomobiles, des instruments aratoires.
Ici est le débarcadère des petites et grandes
embarcations aériennes. Une monumentale
plate-forme leur sert de bassin. Elles y jettent
l'ancre à leur arrivée et la relèvent à leur départ. Plus loin ce sont les salles d'études pour
tous les goûts et pour tous les âges, — mathé-
matiques, mécanique, physique, anatomie, astronomie, — l'observatoire ; les laboratoires de
chimie ; les serres chaudes, la botanique ; le
musée d'histoire naturelle, les galeries de
peinture, de sculpture ; la grande bibliothèque. Ici ce sont les salons de lecture, de

conversation, de dessin, de musique, de danse, de gymnastique. Là, c'est le théâtre, les salles de spectacles, de concerts ; le manège, les arènes de l'équitation ; les salles du tir, du jeu de billard et de tous les jeux d'adresse, les salles de divertissement pour les jeunes enfants, le foyer des jeunes mères ; puis les grands salons de réunion, les salons du réfectoire etc etc. Puis enfin vient le lieu où l'on s'assemble pour traiter les questions d'organisation sociale. C'est le petit Cyclidéon, club ou forum particulier à l'Humanisphère. Dans ce parlement de l'anarchie, chacun est le représentant de soi-même et le pair des autres. Oh ! c'est bien différent de chez les civilisés ; là, on ne pérore pas, on ne dispute pas, on ne vote pas, on ne légifère pas, mais tous jeunes ou vieux, hommes ou femmes, confèrent en commun des besoins de l'Humanisphère. L'initiative individuelle s'accorde ou se refuse à soi-même la parole, selon qu'elle croit utile ou non de parler. Dans cette enceinte, il y a un bureau, comme de juste. Seulement, à ce bureau, il n'y a pour toute autorité que le livre des statistiques. Les Humanisphériens trouvent que c'est un président éminemment impartial et d'un laconisme fort éloquent. Aussi n'en veulent-ils pas d'autres.

Les appartements des enfants sont de grands salons en enfilades, éclairés par le haut, avec une rangée de chambres de chaque côté. Cela rappelle, mais dans des proportions bien autrement grandiose, les salons et cabinets des magnifiques steamboats américains. Chaque enfant occupe deux cabinets contigus, l'un à coucher, l'autre d'étude, et où sont placés, selon son âge et ses goûts, ses livres, ses outils ou ses jouets de prédilection. Des veilleurs de jour et de nuit, hommes et femmes, occupent des cabinets de vigilance où sont placés des lits de repos. Ces veilleurs contemplent avec sollicitude les mouvements et le sommeil de toutes ces jeunes pousses humaines, et pourvoient à tous leurs désirs, à tous leurs besoins. Cette garde, du reste, est une garde toute volontaire que montent et que descendent librement ceux qui ont le plus le sentiment de la paternité ou de la maternité. Ce n'est pas une corvée commandée par la discipline et le réglement, il n'y a dans l'Humanisphère d'autre règle et d'autre discipline que la volonté de chacun ; c'est un élan tout spontané, comme le coup-d'œil d'une mère au chevet de son enfant. C'est à qui leur témoignera le plus d'amour, à ces chers petits êtres, à qui jouira le plus de leurs enfantines caresses. Aussi ces enfants sont-ils tous de charmants enfants. La mutualité est leur humaine éducatrice. C'est elle qui leur enseigne l'échange des doux procédés, elle qui en fait des émules de propreté, de bonté, de gentillesse, elle qui

exerce leurs aptitudes physiques et morales,
elle qui développe en eux les appétits du
cœur, les appétits du cerveau ; elle qui les
guide aux jeux et à l'étude ; elle enfin qui leur
apprend à cueillir les roses de l'instruction et
de l'éducation sans s'égratigner aux épines.

Les caresses, voilà tout ce que chacun recherche, l'enfant comme l'homme, l'homme
comme le vieillard. Les caresses de la science
ne s'obtiennent pas sans travail de tête, sans
dépense d'intelligence, et les caresses de l'a-
mour sans travail du cœur, sans dépense de
sentiment.

L'homme-enfant est un diamant brut. Son
frottement avec ses semblables le polit, le taille
et le forme en joyau social. C'est, à tous les
âges, un caillou dont la société est la meule et
dont l'égoïsme individuel est le lapidaire. Plus
il est en contact avec les autres et plus il en
reçoit d'impressions qui multiplient à son
front comme à son cœur les passionnelles fa-
cettes, d'où jaillissent les étincelles du sentiment et de l'intelligence. Le Diamant est
emmaillotté d'une croûte opaque et rude. Il ne
devient réellement pierre précieuse, il ne se
montre diaphane, il ne brille à la lumière que
débarrassé de cette âpre croûte. L'homme est
comme la pierre précieuse, il ne passe à l'é-
tat de brillant qu'après avoir usé, sur tous
les sens et par tous ses sens, sa croûte d'i-

gnorance, son âpre et immonde virginité.

Dans l'Humanisphère, les tous jeunes enfants
apprennent à sourire à qui leur sourit, à embrasser qui les embrasse, à aimer qui les aime.
S'ils sont maussades pour qui est aimable
envers eux, bientôt la privation des baisers
leur apprendra qu'on n'est pas maussade im-
punément, et rappellera l'amabilité sur leurs
lèvres. Le sentiment de la réciprocité se grave
ainsi dans leurs petits cerveaux. Les adultes
apprennent entre eux à devenir humainement
et socialement des hommes. Si l'un d'eux veut
abuser de sa force envers un autre, il a aussitôt
tous les joueurs contre lui, il est mis au ban
de l'opinion juvénile, et le délaissement de ses
camarades est une punition bien plus terrible
et bien plus efficace que ne le serait la répri-
mande officielle d'un pédagogue. Dans les études scientifiques et professionnelles, s'il en est
un dont l'ignorance relative fasse ombre au
milieu des écoliers de son âge, c'est pour lui
un bonnet d'âne bien plus lourd à porter que
ne le serait la perruque de papier infligée par
un jésuite de l'Université ou un universitatre
du Sacré-Collège. Aussi a-t-il hâte de se réha-
biliter, et s'efforce-t-il de reprendre sa place au
niveau des autres. Dans l'enseignement autoritaire, le martinet et le pensum peuvent bien
meurtrir le corps et le cerveau des élèves, dé-
grader l'œuvre de la nature humaine, faire

acte de vandalisme ; ils ne sauraient modeler des hommes originaux, types de grâce et de force, d'intelligence et d'amour. Il faut pour cela l'inspiration de cette grande artiste qui s'appelle la Liberté.

Les adultes occupent presque toujours leur logement durant la nuit. Cependant il arrive, mais rarement, si l'un d'eux, par exemple, passe la soirée chez sa mère et s'y attarde, qu'il y demeure jusqu'au lendemain matin. Les appartements des grandes personnes étant composés, comme l'on sait, de deux chambres à coucher, libre à eux de se le partager, si c'est à la convenance de la mère et de l'enfant. Ceci est l'exception, la coutume générale est de se séparer à l'heure du sommeil : la mère reste en possession de son appartement, l'enfant retourne coucher à son dortoir. Dans ces dortoirs au surplus, les enfants ne sont pas plus tenus que les grandes personnes de conserver toujours le même compartiment ; ils en changent au gré de leur volonté. Il n'y a pas non plus de places spéciales pour les garçons ou pour les filles ; chacun fait son nid où il veut : seules les attractions en décident. Les plus jeunes se casent généralement pêle-mêle. Les plus âgés, ceux qui approchent de la puberté, se groupent généralement par sexes ; un admirable instinct de pudeur les éloigne pendant la nuit l'un de l'autre. Nulle inquisition, du reste, n'inspecte leur sommeil. Les veilleurs n'ont rien à faire là, les enfants étant assez grands pour se servir eux-mêmes. Ceux-ci trouvent sans sortir de leur demeure l'eau, le feu, la lumière, les sirops et les essences dont ils peuvent avoir besoin. Le jour, filles et garçons se retrouvent aux champs, dans les salles d'étude ou dans les ateliers ; réunis et stimulés au travail par ces exercices en commun, et y prenant part sans distinction de sexe et sans fixité régulière dans leurs places ; n'agissant toujours que selon leurs caprices.

Quant à ces logements, je n'ai pas besoin d'ajouter que rien n'y manque, ni le confortable, ni l'élégance. Ils sont décorés et meublés avec opulence mais avec simplicité. Le bois de noyer, le bois de chêne, le marbre la toile cirée, les nattes de joncs, les toiles perses, les toiles écrues rayées, couleur sur couleur, ou coutils de nuances douces, les peintures à l'huile et les tentures de papier verni en forment l'ameublement et la décoration. Tous les accessoires sont en porcelaine, en terre cuite, en grès, en étain et quelques-uns en argent.

Pour les enfants les plus jeunes, la grande salle est sablée comme un manège et sert d'arène à leurs vacillantes évolutions. Tout autour est un gros et large bourrelet en maroquin, rembourré et encadré dans des moulures en bois verni. C'est ce qui tient lieu de lambris.

Au-dessus du lambris, dans des panneaux divisés par compartiments, sont des fresques représentant les scènes jugées les plus capables
d'éveiller l'imagination des enfants. Le plafond
est en cristal et en fer. Le jour vient du haut.
Il y a, de plus, des ouvertures ménagées sur les
côtés. Pendant la nuit, des candélabres et des
lustres y répandent leur lumière. Chez les plus
âgés, le plancher est recouvert de toile cirée,
de nattes ou de tapis. La décoration des parois
est appropriée à leur intelligence. Des tables,
placées au milieu des diverses salles, sont
chargées d'albums et de livres pour tous les
âges et pour tous les goûts, de boîtes de jeux
et de nécessaires d'outils ; enfin d'une multitude de jouets servant d'étude et d'études servant de jouets.

De nos jours encore, foule de gens, — de ceux
la même qui sont partisans de larges réformes,
— inclinent à penser que rien ne peut s'obtenir que par l'autorité, tandis que le contraire
seul est vrai. C'est l'autorité qui fait obstacle à
tout. Le progrès dans les idées ne s'impose pas
par des décrets, il résulte de l'enseignement
libre et spontané des hommes et des choses.
L'instruction obligatoire est un contre-sens.
Qui dit instruction dit liberté. Qui dit obliga-
tion dit servitude. Les politiques ou les jésuites
peuvent vouloir imposer l'instruction, c'est

affaire à eux, car l'instruction autoritaire, c'est l'abêtissement obligatoire. Mais les socialistes ne peuvent vouloir que l'étude et l'enseignement anarchistes, la liberté de l'instruction, afin d'avoir l'instruction de la liberté. L'ignorance est ce qu'il y a de plus antipathique à la nature humaine. L'homme, à tous les moments de la vie, et surtout l'enfant, ne demande pas mieux que d'apprendre ; il y est sollicité par toutes ses aspirations. Mais la société civilisée, comme la société barbare, comme la société sauvage, loin de lui faciliter le développement de ses aptitudes ne sait que s'ingénier à les comprimer. La manifestation de ses facultés lui est imputée à crime : enfant, par l'autorité paternelle, homme, par l'autorité gouvernementale. Privés des soins éclairés, du baiser vivifiant de la Liberté (qui en eût fait une race de belles et fortes intelligences) l'enfant comme l'homme croupissent dans leur ignorance originelle, se vautrent dans la fiente des préjugés, et, nains par le bras, le cœur et le cerveau, produisent et perpétuent, de génération en générations, cette uniformité de crétins difformes qui n'ont de l'être humain que le nom.

L'enfant est le singe de l'homme, mais le singe perfectible. Il reproduit tout ce qu'il voit faire, mais plus ou moins servilement, selon que l'intelligence de l'homme est plus ou moins servile, plus ou moins rn enfance. Les angles les plus saillants du masque viril, voilà ce qui frappe tout d'abord son entendement. Que l'enfant naisse chez un peuple de guerriers, et il jouera au soldat ; il aimera les casques de papier, les canons de bois, les pétards et les tambours. Que ce soit chez un peuple de navigateurs, et il jouera au marin ; il fera des bateaux avec des coquilles de noix et les fera aller sur l'eau. Chez un peuple d'agriculteurs, il jouera au petit jardin, il s'amusera avec des bêches, des râteaux, des brouettes. S'il a sous les yeux un chemin de fer, il voudra une petite locomotive ; des outils de menuisier, s'il est près d'un atelier de menuiserie. Enfin, il imitera, avec une égale ardeur, tous les vices comme toutes les vertus dont la Société lui donnera le spectacle. Il prendra l'habitude de la brutalité, s'il est avec des brutes ; de l'urbanité s'il est avec des gens polis. Il sera boxeur avec John Bull, il poussera des hurlements sauvages avec Jonathan. Il sera musicien en Italie, danseur en Espagne. Il grimacera et gambadera à tous les unissons, marqué au front et dans ses mouvements du sceau de la vie industrielle, artistique ou scientifique, s'il vit avec des travailleurs de l'industrie, de l'art ou de la science : ou bien, empreint d'un cachet de dévergondage et de désœuvrement, s'il n'est en contact qu'avec les oisifs et les parasites.

La société agit sur l'enfant et l'enfant réagit ensuite sur la société. Ils se meuvent solidairement et non à l'exclusion l'un de l'autre. C'est donc à tort que l'on a dit que, pour réformer la société, il fallait d'abord commencer par réformer l'enfance. Toutes les réformes doivent marcher de pair.

L'enfant est un miroir qui réfléchit l'image de la virilité. C'est la plaque de zinc où, sous le rayonnement des sensations physiques et morales, se daguerréotypent les traits de l'homme social. Et ces traits se reproduisent chez l'un d'autant plus accentués qu'ils sont plus en relief chez l'autre. L'homme, comme le curé à ses paroissiens, aura beau dire à l'enfant : « Fais ce que je te dis et non pas ce que je fais. » L'enfant ne tiendra pas compte des discours, si les discours ne sont pas d'accord avec les actions. Dans sa petite logique, il s'attachera surtout à suivre votre exemple ; et, si vous faites le contraire de ce que vous lui dites, il sera le contraire de ce que vous lui avez prêché. Vous pourrez alors parvenir à en faire un hypocrite, vous n'en ferez jamais un homme de bien.

Dans l'Humanisphère, l'enfant n'a que de bons et beaux exemples sous les yeux. Aussi croît-il en bonté et en beauté. Le progrès lui est enseigné par tout ce qui tombe sous ses sens, par la voix et par le geste, par la vue et par le toucher. Tout se meut, tout gravite autour de lui dans une perpétuelle effluve de connaissances, sous un ruissellement de lumière. Tout exhale les plus suaves sentiments, les parfums les plus exquis du cœur et du cerveau. Tout contact y est une sensation de plaisir, un baiser fécond en de prolifiques voluptés. La plus grande jouissance de l'homme, le travail, y est devenu une série d'attraits par la liberté et la diversité des travaux et se répercute de l'un à l'autre dans une immense et incessante harmonie. Comment, dans un pareil milieu, l'enfant pourrait-il ne pas être laborieux, studieux ; Comment pourrait-il ne pas aimer à jouer à la science, aux arts, à l'industrie, ne pas s'essayer, dès l'âge le plus tendre, au maniement de ses forces productives ? Comment pourrait-il résister au besoin inné de tout savoir, au charme toujours nouveau de s'instruire ? Répondre autrement que par l'affirmaitve, ce serait vouloir méconnaître la nature humaine.

Voyez l'enfant des civilisés même, le petit du bonnetier ou de l'épicier ; voyez-le au sortir du logis, à la promenade, aperçoit-il une chose dont il ne connaissait pas l'existence ou dont il ne comprend pas le mécanisme, un moulin, une charrue, un ballon, une locomotive : aussitôt il interroge son conducteur, il veut connaître le nom et l'emploi de tous les objets.

Mais, hélas ! bien souvent en civilisation, son conducteur, ignorant de toutes les sciences ou préoccupé d'intérêts mercantiles, ne peut ou ne veut lui donner les explications qu'il sollicite. Si l'enfant insiste, on le gronde, on le menace de ne plus le faire sortir une autre fois. On lui ferme ainsi la bouche, on arrête violemment l'expansion de son intelligence, on la musèle. Et quand l'enfant a été bien docile tout le long du chemin, qu'il s'est tenu coi dans sa peau, et n'a pas ennuyé papa ou maman de ses importunes questions ; quand il s'est laissé conduire sournoisement ou idiotement par la main, comme un chien en laisse ; alors on lui dit qu'il a été bien sage, bien gentil, et, pour le récompenser, on lui achète un soldat de plomb ou un bonhomme de pain-d'epice. Dans les sociétés bourgeoises cela s'appelle former l'esprit des enfants. — Oh ! l'autorité ! oh ! la petite famille !... Et personne sur les pas de ce père ou de cette mère pour crier : Au meurtre ! au viol ! à l'infanticide !...

Sous l'afle de la liberté, au sein de la grande famille, au contraire, l'enfant, ne trouvant partout chez ses aînés, hommes, ou femmes, que des éducateurs disposés à l'écouter et à lui répondre, apprend vite à connaître le pourquoi et le comment des choses. La notion du juste et de l'utile prend ainsi racine dans son juvénil entendemment et lui prépare d'équitables et très intelligents jugements pour l'avenir.

Chez les civilisés, l'homme est un esclave, un enfant en grand, une perche qui manque de sève, un pieu sans racine et sans feuillage, une intelligence avortée. Chez les humanisphériens, l'enfant est un homme libre en petit, une intelligence qui pousse et dont la jeune sève est pleine d'exhubérance.

Les enfants en bas-âge ont naturellement leur berceau chez leur mère ; et toute mère allaite son enfant. Aucune femme dans l'Humanisphère ne voudrait se priver des douces attributions de la maternité. Si l'ineffable amour de la mère pour le petit être à qui elle a donné le jour ne suffisait pas à la déterminer d'en être nourrice, le soin de sa beauté, l'instinct de sa propre conservation le lui dirait encore. De nos jours, pour avoir tari la source de leur lait, il y a des femmes qui meurent, toutes y perdent quelque chose de leur santé, quelque chose de leur ornement.

La femme qui fait avorter sa mamelle commet une tentative d'infanticide que la nature réprouve à l'égal de celle qui fait avorter l'organe de la génération. Le châtiment suit de près la faute. La nature est inexorable. Bientôt le sein de cette femme s'étiole, dépérit et témoigne, par une hâtive décrépitude, contre

cet attentat commis sur ces fonctions orga-
niques, attentat de lèse-maternité.

Quoi de plus gracieux qu'une jeune mère
donnant le sein à son enfant, lui prodiguant les
caresses et les baisers ? Ne fût-ce que par co-
quetterie, toute femme devrait allaiter son
enfant. Et puis n'est-ce donc rien de suivre
jour par jour les phases de développement de
cette jeune existence, d'alimenter à la mamelle
la sève de ce brin d'homme, d'en suivre les
progrès continus, de voir ce bouton humain
croître, et s'embellir sous les rayons de la ten-
dresse maternelle, comme le bouton de fleur à
la chaleur du soleil, et s'y entr'ouvrir enfin de
plus en plus, jusqu'à ce qu'il s'épanouise sur
sa tige dans toute la grâce de son sourire et la
pureté de son regard dans toute la charmante
naïveté de ses premiers pas ? La femme qui
ne comprend pas de pareilles jouissances n'est
pas femme. Son cœur est une lyre dont les
fibres sont brisées. Elle peut avoir conservé
l'apparence humaine, elle n'en a plus la poésie. Une moitié de mère ne sera jamais qu'une
moitié d'amante.

Dans l'Humanisphère, toute femme a les
vibrations de l'amour. La mère comme l'a-
mante tressaillent avec volupté à toutes les
brises des humaines passions. Leur cœur est
un instrument complet, un luth où pas une
corde ne manque ; et le sourire de l'enfant

comme le sourire de l'homme aimé y éveille toujours de suaves émotions. Là, la maternité est bien la maternité, et les amours sexuelles de véritables amours.

D'ailleurs, ce travail de l'allaitement, comme tous les autres travaux maternels est bien plutôt un jeu qu'une peine. La science a détruit ce qui est le plus répugnant dans la production, et ce sont des machines à vapeur ou à électricité qui se chargent de toutes les grossières besognes. Ce sont elles qui lavent les couches, nettoient le berceau et préparent les bains. Et ces négresses de fer agissent toujours avec docilité et promptitude. Leur service répond à tous les besoins. C'est par leurs soins que disparaissent toutes les ordures, tous les excréments ; c'est leur rouage infatigable qui s'en empare et les livres en pâture à des conduits de fonte, boas souterrains qui les triturent et les digèrent dans leurs ténébreux circuits, et les déjectent ensuite sur les terres labourables comme un précieux engrais. C'est cette servante à tout faire qui se charge de tout ce qui concerne le ménage ; elle qui arrange les lits, balaye les planchers, époussette les appartements. Aux cuisines, c'est elle qui lave la vaisselle, récure les casseroles, épluche ou ratise les légumes, taille la viande, plume et vide la volaille, ouvre les huitres, gratte et lave le

poisson, tourne la broche, scie et casse le bois
apporte le charbon et entretient le feu. C'est
elle qui transporte le manger à domicile ou au
réfectoire commun ; elle qui sert et dessert la
table. Et tout se fait par cet engrenage domestique, par cette esclave aux mille bras, au
souffle de feu, aux muscles d'acier, comme par
enchantement. Commandez, dit-elle à l'homme,
et vous serez obéi. Et tous les ordres qu'elle
reçoit sont ponctuellement exécutés. Uu humanisphérien veut-il se faire servir à dîner
dans sa demeure particulière, un signe suffit,
et la machine de service se met en mouvement ;
elle a compris. Préfère-t-il se rendre aux
salons du réfectoire, un wagon abaisse son
marche-pied, un fauteuil lui tend les bras, l'é-
quipage roule et le transporte à destination.
Arrivé au refectoire, il prend place où bon lui
semble, à une grande ou à une petite table, et
y mange selon son goût. Tout y est en abondance.

Les salons du réfectoire sont d'une architecture élégante, et n'ont rien d'uniforme dans
leurs décorations. Un de ces salons était tapissé
de cuir repoussé, encadré d'une ornementation
en bronze et or. Les portes et les croisées
avaient des tentures orientales fond noir à
arabesques d'or, et bardé en travers de larges
bandes de couleurs tranchantes. Les meubles
étaient en bois de noyer sculpté, et garnis

d'étoffe pareille aux tentures. Au milieu de l
salle était suspendue, entre deux arcades, un
grande horloge. C'était tout à la fois une Ba
chante et une Cérès en marbre blanc, couché
sur un hamac en mailles d'acier poli. D'un
main elle agaçait avec une gerbe de blé u
petit enfant qui piétinait sur elle, de l'autr
elle tenait une coupe qu'elle élevait à longueu
de son bras au-dessus de sa tête, comme pou
la disputer à l'enfant mutin qui cherchait
s'emparer en même temps et de la coupe et d
la gerbe. La tête de la femme, couronnée d
pampres et d'épis, était renversée sur un bari
de porphyre qui lui servait d'oreiller, des ger
bes de blé en or gisaient sous ses reins et lu
formaient litière. Le baril était le cadran où
deux épis d'or marquaient les heures. Le soir
une flamme s'épanchait de la coupe comme
une liqueur de feu. Des pampres en bronze
qui grimpaient à la voûte et couraient sur le
plafond, dardaient des flammes en forme de
feuilles de vigne ; faisaient un berceau de
lumière au-dessus de ce groupe et en éclai-
raient tous les coutours. Des grappes de rai-
sin à grains de cristal pendaient à travers le
feuillage et scintillaient au milieu de ces on-
doyantes clartés.

Sur la table, la porcelaine et le stuc, le porphyre et le cristal, l'or et l'argent recélaient la
foule des mets et des vins, et étincelaient au

reflet des lumières. Des corbeilles de fruits et de fleurs offraient à chacun leur saveur et leur senteur. Hommes et femmes échangeaient des paroles et des sourires, et assaisonnaient leur repas de spirituelles causeries.

Le repas fini, l'on passe dans d'autres salons d'une décoration non moins splendide, mais plus coquette, où l'on prend le café, les liqueurs, les cigarettes ou les cigares ; salons-cassolettes où brûlent et fument tous les aromes de l'Orient, toutes les essences qui plaisent au goût, tous les parfums qui charment l'odorat, tout ce qui caresse et active les fonctions digestives, tout ce qui huile l'engrenage physique, et, par suite, accélère le développement des fonctions mentales. Tel savoure, en foule ou à l'écart, les vaporeuses bouffées du tabac, les capricieuses rêveries ; tel autre hume, en compagnie de deux ou trois amis, les odorantes gorgées de café ou de cognac, fraternise, en choquant le verre, le champagne au doux pétillement, use sans abuser de toutes ces excitations à la lucidité ; celui-ci parle science ou écoute, verse ou puise dans un groupe les distillations nutritives du savoir, offre ou accepte les fruits spiritualisés de la pensée ; celui-là cueille en artiste dans un petit cercle les fines fleurs de la conversation, critique une chose, en loue une autre, et donne un libre cours à toutes les

émanations de sa mélancolique ou riante
humeur.

Si c'est après le déjeuner, chacun s'en va
bientôt isolément ou par groupes à son travail
les uns à la cuisine, les autres aux champs ou
aux divers ateliers. Nulle contrainte réglemen
taire ne pèse sur eux, aussi vont-ils au tra
vail comme à une partie de plaisir. Le chasseur, couché dans un lit bien chaud, ne se
lève-t-il pas de lui-même pour aller courir les
bois remplis de neige ? C'est l'attrait aussi qui
les fait se lever de dessus les sofas et les conduit, à travers les fatigues, mais en société de
vaillants compagnons et de charmantes com-
pagnes, au rendez-vous de la prodnction. Les
meilleurs travailleurs s'estiment les plus heureux. C'est à qui se distinguera parmi les plus
laborieux, à qui fournira les plus beaux coups
d'outil.

Après diner, on passe des salons de café soit
aux grands salons de conversation, soit aux petites réunions intimes, ou soit encore aux différents cours scientifiques, ou bien aux salons de
lecture, de dessin, de musique, de danse,
etc., etc. Et librement, volontairement, ca-
pricieusement, pour l'initiateur comme pour
l'adepte, pour l'étude comme pour l'enseignement, il se trouve toujours et tout naturellement des professeurs pour les élèves, et des
élèves pour les professeurs. Toujours un appel

provoque une réponse ; toujours une satisfaction réplique à un besoin. L'homme propose et l'homme dispose. De la diversité des désirs résulte l'harmonie.

Les salles des cours d'études scientifiques et les salons d'études artistiques, comme les spacieux salons de réunion, sont magnifiquement ornés. Les salles des cours sont bâties en amphithéâtre, et les gradins, construits en marbre, sont garnis de stalles en velours. De chaque côté est une salle pour les rafraîchissements. La décoration de ces amphithéâtres est d'un style sévère et riche. Dans les salons de loisir, le luxe étincelle avec profusion. Ces salons communiquent les uns dans les autres, et pourraient facilement contenir dix mille personnes. L'un deux était décoré ainsi : lambris, corniches et pilastres en marbre blanc, avec ornementation en cuivre doré. Les tentures dans les panneaux étaient en damas de soie de couleur solitaire et avaient pour bordure intérieure une bégarde en argent sur laquelle étaient posés, en guise de clous dorés, une multitude de faux diamants. Un champ de satin rose séparait la bordure du pilastre. Le plafond était à compartiments, et du sein des ornements s'échappaient des jets de flamme qui figuraient des dessins et complétaient la décoration, tout en servant à l'éclairage ; du milieu des pilastres jaillissaient aussi des ara-

besques de lumières. Au milieu du salon était
une jolie fontaine en bronze, or et marbre
blanc ; cette fontaine était aussi une horloge.
Une coupole en bronze et or servait de support
à un groupe en marbre blanc représentant nne
Eve mollement couchée sur un lit de feuilles
et de fleurs, la tête appuyée sur un rocher, et
élevant entre ses mains son enfant qui vient
de naître ; deux colombes, placées sur le rocher, se becquetaient ; le rocher servait de
cadran, et deux aiguilles en or, figurant des
serpents, marquaient les heures. Derrière le
rocher on voyait un bananier en or dont les
branches, chargées de fruits, se penchaient
au dessus du groupe. Les bananes étaient for-
mées par des jets de lumière.

Une artistique cheminée en marbre blanc et
or servait de socle à une immense glace ; des
glaces ou des tableaux de choix étaient aussi
suspendus dans tous les panneaux au milieu
des tentures de soie brune. Les portes et les
fenêtres, dans ce salon comme partout dans
l'Humanisphère, ne s'ouvrent pas au moyen
de charnières, ni de bas en haut, mais au moyen
de coulisses à ressort ; elles rentrent de droite
à gauche et de gauche à droite dans les murailles disposées à cet effet. De cette manière
les battants ne gênent personne et on peut
ouvrir portes et fenêtres aussi grandes ou aussi
petites que l'on veut.

Plusieurs fois par semaine, il y a spectacle au théâtre. On y représente des pièces lyriques, des drames, des comédies, mais tout cela bien différent des pauvretés qui se jouent sur les scènes de nos jours. C'est, dans un magnifique langage, la critique des tendances à l'immobilisation, une aspiration vers l'idéal avenir.

Il y a aussi le gymnase où l'on fait assaut de force et d'agilité ; le manège où, écuyers et écuyères rivalisent de grâce et de vigueur et excellent à conduire, debout sur leurs croupes, les chevaux et les lions galoppant ou bondissant dans l'arène ; les salles de tir au pistolet et à la carabine et les salles de billards ou autres jeux où les amateurs exercent leur adresse.

S'il fait beau temps, il y a de plus les promenanades dans le parc splendidement illuminé; les concerts à la belle étoile, les amusements champêtres, les excursions au loin dans la campagne, à travers les forêts solitaires, les plaines et les montagnes agrestes, où l'on rencontre, à de certaines distances, des grottes et des châlets où l'on peut se rafraîchir et collationner. Des embarcations aériennes ou des wagons de chemin de fer locomotionnent au gré de leurs caprices ces essaims de promeneurs.

A la fin de la journée, chacun rentre chez

soi, l'un pour y résumer ses impressions du jour avant de se livrer au repos ; l'autre pour y attendre ou pour y trouver la personne aimée. Le matin, amants et amantes se séparent mystérieusement en échangeant un baiser, et reprennent, chacun selon son goût, le chemin de leurs occupations multiples. La variété des jouissances en exclut la satiété. Le bonheur est pour eux de tous les instants.

Environ une fois par semaine, plus ou moins, selon qu'il est nécessaire, on s'assemble à la salle des conférences, autrement dit le petit cyclidéon interne. On y cause des grands travaux à exécuter. Ceux qui sont le plus versés dans les connaissances spécialement en question, y prennent l'initiative de la parole. Les statistiques d'ailleurs, les projets, les plans ont déjà paru dans les feuilles imprimées, dans les journaux ; ils ont déjà été commentés en petits groupes ; l'urgence en a été généralement reconnue ou repoussée par chacun individuellement. Aussi n'y a-t-il bien souvent qu'une voix, la voix unanime, pour l'acclamation ou le rejet. On ne vote pas ; la majorité ou la minorité ne fait jamais loi. Que telle ou telle proposition réunisse un nombre suffisant de travailleurs pour l'exécuter, que ces travailleurs soient la majorité ou la minorité, et la proposition s'exécute, si telle est la volonté de ceux qui y adhèrent. Et le plus souvent il arrive que la majorité se rallie à la minorité, ou la minorité à la majorité. Comme dans une partie de campagne, les uns proposent d'aller à Saint-Germain, les autres à Meudon, ceux-ci à Sceaux et ceux-là à Fontenay, les avis se partagent ; puis en fin de compte chacun cède à l'attrait de se trouver réuni aux autres. Et tous ensemble prennent d'un commun accord la même route, sans qu'aucune autorité autre que celle du plaisir les ait gouvernés. L'attraction est toute la loi de leur harmonie. Mais, au point de départ comme en route, chacun est toujours libre de s'abandonner à son caprice, de faire bande à part si cela lui convient, de rester en chemin, s'il est fatigué, ou de prendre le chemin du retour s'il s'ennuie. La contrainte est la mère de tous les vices. Aussi est-elle bannie par la raison, du territoire de l'Humanisphère. L'égoïsme bien entendu, l'égoïsme intelligent y est trop développé pour que personne songe à violenter son prochain. Et c'est par égoïsme qu'on fait échange de bons procédés.

L'égoïsme, c'est l'homme ; sans l'égoïsme, l'homme n'existerait pas. C'est l'égoïsme qui est le mobile de toutes ses actions, le moteur de toutes ses pensées. C'est lui qui le fait songer à sa conservation et à son développement qui est encore sa conservation. C'est l'égoïsme qui lui enseigne à produire pour consommer, à

plaire aux autres pour en être agréé, à aimer
les autres pour être aimé d'eux, à travailler
pour les autres, afin que les autres travaillent
pour lui. C'est l'égoïsme qui stimule son ambition et l'excite à se distin..uer dans toutes les
carrières où l'homme fait acte de force, d'a-
dresse, d'intelligence. C'est l'égoïsme qui l'élève à la hauteur du génie ; c'est pour se grandir,
c'est pour élargir le cercle de son influence
que l'homme porte haut son front et loin son
regard ; c'est en vue de satisfactions personnel-
les qu'il marche à la conquête des satisfactions
collectives. C'est pour soi, individu. qu'il veut
participer à la vive effervescence du bonheur
général ; c'est pour soi qu'il redoute l'image
des souffrances d'autrui. C'est pour soi encore
qu'il s'émeut lorsqu'un autre est en péril, c'est à
soi qu'il porte secours en portant secours aux
autres. Son égoïsme, sans cesse aiguillonné
par l'instinct de sa progressive conservation et
par le sentiment de solidarité qui le lie à ses
semblables, — le sollicite à de perpétuelles
émanations de son existence dans l'existence
des autres. C'est ce que la vieille société appelle improprement du dévoûment et ce qui
n'est que de la spéculation. spéculation d'autant plus humanitaire qu'elle est plus intelligente, d'autant plus humanicide qu'ell est plus
imbécile. L'homme en société ne récolte que
ce qu'il sème : la maladie s'il sème la maladie,

la santé s'il sème la santé. L'homme est la cause sociale de tous les effets que socialement il subit. S'il est fraternel, il effectuera la fraternité chez les autres ; s'il est fratraicide, il effectuera chez les autres la fratricidité. Humainement il ne peut faire un mouvement, agir du bras, du cœur ou du cerveau, sans que la sensation s'en répercute de l'un à l'autre comme une commotion électrique. Et cela a lieu à l'état de communauté anarchique, à l'état de libre et intelligente nature, comme à l'état de civilisation, à l'état d'homme domestiqué, de nature enchaînée. Seulement, en civilisation l'homme étant institutionnellement en guerre avec l'homme, ne peut que jalouser le bonheur de son prochain et hurler et mordre à son détriment. C'est un dogue à l'attache, accroupi dans sa niche et rongeant son os en grognant une féroce et continuelle menace. En anarchie, l'homme étant harmoniquement en paix avec ses semblables, ne saurait que rivaliser de passions avec les autres pour arriver à la possession de l'universel bonheur. Dans l'Humanisphère, ruche où la liberté est reine, l'homme ne recueillant de l'homme que des parfums, ne saurait produire que du miel. — Ne maudissons donc pas l'égoïsme, car maudire l'égoïsme, c'est maudire l'homme. La compression de nos passions est la seule cause de leurs effets désastreux. L'homme comme la société sont perfectibles. L'ignorance générale, telle a été la cause fatale de tous nos maux, la science universelle tel en sera le remède. Instruisons-nous donc, et répandons l'instruction autour de nous Analysons, comparons, méditons, et d'inductions en inductions, et de déductions en déductions, arrivons en à la connaissance scientifique de notre mécanisme naturel.

Dans l'Humanisphère, point de gouvernement. Une organisation attractive tient lieu de législation. La liberté souverainement individuelle préside à toutes les décisions collectives. L'autorité de l'anarchie, l'absence de toute dictature du nombre ou de la force, remplace l'arbitraire de l'autorité, le despotisme du glaive et de la loi. La foi en eux-mêmes est toute la religion des humanisphériens. Les dieux et les prêtres, les superstitions religieuses souleveraient parmi eux une réprobation universelle. Ils ne reconnaissent ni théocratie ni aristocratie d'aucune sorte, mais l'autonomie individuelle. C'est par ses propres lois que chacun se gouverne, et c'est sur ce gouvernement de chacun par soi-même qu'est formé l'ordre social.

Demandz à l'histoire, et voyez si l'autorité a jamais été autre chose que le suicide individuel ? Appellerez-vous l'ordre, l'anéantissement de l'homme par l'homme ? Est-ce l'ordre

que ce qui règne à Paris, à Varsovie, à Péters-
bourg, à Vienne, à Rome, à Naples, à Madrid,
dans l'aristocratique Angleterre et dans la
démocratique Amérique? Je vous dis, moi, que
c'est le meurtre. L'ordre avec le poignard ou
le canon, la potence ou la guillotine ; l'ordre
avec la Sibérie ou Cayenne, avec le knout ou
la baïonnette, avec le bâton du watchman ou
l'épée du sergent de ville ; l'ordre personnifié
dans cette trinité homicide : le fer, l'or, l'eau
bénite ; l'ordre à coups de fusil, à coups de
bibles et à coups de billets de banque ; l'ordre
qui trône sur des cadavres et s'en nourrit, cet
ordre-là peut être celui des civilisations mori-
bondes, mais il ne sera jamais que le désordre,
la gangrène dans les sociétés qui auront le
sentiment de l'existence.

Les autorités sont des vampires, et les vampires sont des monstres qui n'habitent que les
cimetières et ne se promènent que dans les
ténèbres.

Consultez vos souvenirs et vous verrez que
la plus grande absence d'autorité a toujours
produit la plus grande somme d'harmonie.
Voyez le peuple du haut de ses barricades, et
dites si dans ces moments de passagère anarchie, il ne témoigne pas par sa conduite, en
faveur de l'ordre naturel. Parmi ces hommes
qui sont là, bras nus et noirs de poudre, bien
certainement il ne manque pas de natures

ignorantes, d'hommes à peine dégrossis par le
rabot de l'éducation sociale, et capables, dans
la vie privée et comme chefs de familles, de
bien des brutalités envers leurs femmes et
leurs enfants. Voyez-les, alors, au milieu de
l'insurrection publique et en leur qualité
d'hommes momentanément libres. Leur brutalité a été transformée comme par enchantement en douce courtoisie. Qu'une femme
vienne à passer, et ils n'auront pour elle que
des paroles décentes et polies. C'est avec un
empressement tout fraternel qu'ils l'aideront
à franchir ce rempart de pavés. Eux qui, le
dimanche, à la promenade, auraient rougi de
porter leur enfant et en auraient laissé tout le
fardeau à la mère, c'est avec le sourire de la
satisfaction sur les lèvres qu'ils prendront dans
leurs bras un enfant d'inconnue pour lui faire
traverser la barricade. C'est une métamorphose instantanée. Dans l'homme du jour vous
ne reconnaîtrez pas l'homme de la veille. —
Laissez réédifier l'Autorité, et l'homme du
lendemain sera bientôt redevenu l'homme de
la veille!

Qu'on se rappelle encore le jour de la distri-
bution des drapeaux, après Février 48 : il n'y
avait dans la foule, plus grande qu'elle ne le
fut jamais à aucune fête, ni gendarmes, ni agents
de la force publique ; aucune autorité ne
protégeait la circulation ; chacun, pour ainsi

dire, faisait sa police soi même. Et bien ! y eut-il jamais plus d'ordre que dans ce désordre ? Qui fut foulé ? personne. Pas un encombrement n'eut lieu. C'était à qui se protégerait l'un l'autre. La multitude s'écoulait compacte par les boulevards et par les rues aussi naturellement que le sang d'un homme en bonne santé circule en ses artères. Chez l'homme, c'est la maladie, qui produit l'engorgement ; chez les multitudes, c'est la police et la force armée : la maladie alors porte le nom d'autorité. L'anarchie est l'état de santé des multitudes.

Autre exemple :

C'était en 1841, je crois, — à bord d'une frégate de guerre. Les officiers et le commandant lui-même, chaque fois qu'ils présidaient à la manœuvre, juraient et tempêtaient après les matelots ; et plus ils juraient, plus ils tempêtaient, plus la manœuvre s'exécutait mal. Il y avait à bord un officier qui faisait exception à la règle. Lorsqu'il était de quart, il ne disait pas quatre paroles et ne parlait toujours qu'avec une douceur toute féminine. Jamais manœuvre ne fut mieux et plus rapidement exécutée que sous ses *ordres*. S'agissait-il de prendre un ris aux huniers, c'était fait en un clin d'œil ; et sitôt le ris pris, sitôt les huniers hissés ; les poulies en fumaient. Une fée n'aurait pas agi plus promptement d'un coup de baguette. Bien avant le commandement, chacun était à son poste, prêt à monter dans les haubans ou à larguer les drisses. On n'attendait pas qu'il donnât l'ordre mais qu'il permît d'exécuter la manœuvre. Et pas la moindre confusion, pas un nœud d'oublié, rien qui ne fût rigoureusement achevé. C'était de l'enthousiasme et de l'harmonie. Voulez-vous savoir le secret magique de cet officier et de quelle manière il s'y prenait pour opérer ce miracle : il ne jurait pas, il ne tempêtait pas, il ne commandait pas, en un mot, il laissait faire. Et c'était à qui ferait le mieux. Ainsi sont les hommes : sous la garcette de l'autorité, le matelot n'agit que comme une brute ; il va bêtement et lourdement où on le pousse. Laissé à son initiative anarchique, il agit en homme, il manœuvre des mains et de l'intelligence. Le fait que je cite avait lieu à bord de la frégate le *Calypso* dans les mers d'Orient. L'officier en question ne séjourna que 2 mois à bord, commandant et officiers étaient jaloux de lui.

Or donc l'absence d'ordres, voilà l'ordre véritable. La loi et le glaive, ce n'est que l'ordre des bandits, le code du vol et du meurtre qui préside au partage du butin, au massacre des victimes. C'est sur ce sanglant pivot que tourne le monde civilisé. L'anarchie en est l'antipode,

et cet antipode est l'axe du monde humanisphérien.

— La liberté est tout leur gouvernement.

— La liberté est toute leur constitution.

— La liberté est toute leur législation.

— La liberté est toute leur réglementation.

— La liberté est toute leur contraction.

— Tout ce qui n'est pas la liberté est hors
les mœurs.

— La liberté, toute la liberté, rien que la
liberté, — telle est la formule burinée aux tables de leur conscience, le criterium de tous
leurs rapports entre eux.

Manque-t-on dans un coin de l'Europe des
produits d'un autre continent? Les journaux de
l'Humanisphère le mentionnent, c'est inséré
au *Bulletin de publicité*, ce moniteur de l'anarchique universalité ; et les Humanisphères de
l'Asie, de l'Afrique, de l'Amérique ou de
l'Océanie expédient le produit demandé. Est-
ce, au contraire, un produit européen qui fait
défaut en Asie, en Afrique, en Amérique ou
en Océanie, les Humanisphères d'Europe l'expédient. L'échange a lieu naturellement et
non arbitrairement. Ainsi, telle Humanisphère
donne plus un jour et reçoit moins, qu'importe, demain c'est elle sans doute qui recevra
plus et donnera moins. Tout appartenant à
tous et chacun pouvant changer d'Humanisphère comme il change d'appartement, — que

dans la circulation universelle une chose soit
ici ou soit là-bas, qu'est-ce que cela peut faire ?
Chacun n'est-il pas libre de la faire transporter
où bon lui semble et de se transporter lui-
même où il lui semble bon ?

En anarchie, la consommation s'alimente
d'elle-même par la production. Un humanisphérien ne comprendrait pas plus qu'on forçât
un homme à travailler qu'il ne comprendrait
qu'on le forçât à manger. Le besoin de travailler est aussi impérieux chez l'homme naturel que le besoin de manger. L'homme n'est
pas tout ventre, il a des bras, un cerveau, et,
apparemment, c'est pour les faire fonctionner.
Le travail manuel et intellectuel est la nourriture qui le fait vivre. Si l'homme n'avait pour
tout besoin que les besoins de la bouche et du
ventre, ce ne serait plus un homme, mais une
huître, et alors, à la place de ses mains, attri-
buts de son intelligence, la nature lui aurait
donné, comme au mollusque, deux écailles. —
Et la paresse ! la paresse ! me criez-vous, ô
civilisés. La paresse n'est pas la fille de la
liberté et du génie humain, mais de l'esclavage
et de la civilisation ; c'est quelque chose d'immonde et de contre nature que l'on ne peut
rencontrer que dans les vieilles et modernes
Sodomes. La paresse, c'est une débauche du
bras, un engourdissement de l'esprit, La paresse, ce n'est pas une jouissance, c'est une

gangrène et une paralysie. Les sociétés caduques, les mondes vieillards, les civilisations corrompues peuvent seuls produire et propager de pareils fléaux. Les humanisphériens, eux, satisfont naturellement au besoin d'exercice du bras comme au besoin d'exercice du ventre. Il n'est pas plus possible de rationner l'appétit de la production que l'appétit de la consommation. C'est à chacun de consommer et de produire selon ses forces, selon ses besoins. En courbant tous les hommmes sous une rétribution uniforme, on affamerait les uns et on ferait mourir d'indigestion les autres. L'individu seul est capable de savoir la dose du labeur que son estomac, son cerveau ou sa main peut digérer. On rationne un cheval à l'écurie, le maître octroie à l'animal domestique telle ou telle nourriture. Mais, en liberté l'animal se rationne lui-même, et son instinct lui offre mieux que le maître ce qui convient à son tempérament. Les animaux indomptés ne connaissent guère la maladie. Ayant tout à profusion, ils ne se battent pas non plus entre eux pour s'arracher un brin d'herbe. Ils savent que la sauvage prairie produit plus de pâture qu'ils n'en peuvent brouter, et ils la tondent en paix les uns à côté des autres. Pourquoi les hommes se battraient-ils pour s'arracher la consommation quand la production, par les forces mécaniques, fournit au-delà de leurs besoins ?

— L'autorité, c'est la paresse.

— La liberté, c'est le travail.

L'esclave seul est paresseux, riche ou pauvre : — le riche, esclave des préjugés de fausse science ; le pauvre, esclave de l'ignorance et des préjugés, — tous deux esclaves de la loi, l'un pour la subir, l'autre pour l'imposer. Il n'en saurait être de même pour l'homme libre. Ne serait-ce pas se suicider que de vouer à l'inertie ses facultés productives ? L'homme inerte n'est pas un homme, il est moins qu'une brute, car la brute agit dans la mesure de ses moyens, elle obéit à son instinct. Quiconque possède une parcelle d'intelligence ne peut moins faire que de lui obéir ; et l'intelligence ce n'est pas l'oisiveté, c'est le mouvement fécondateur, c'est le progrès. L'intelligence de l'homme c'est son instinct ; et cet instinct lui dit sans cesse : travaille ; mets la main comme le front à l'œuvre ; produit et découvre ; les productions et les découvertes, c'est la liberté. Celui qui ne travaille pas ne jouit pas. Le travail c'est la vie. La paresse c'est la mort. — Meurs ou travaille !

Dans l'Humanisphère, la propriété n'étant point divisée, chacun a intérêt à la rendre productive. Les aspirations de la science, débarassées aussi du morcellement de la pensée, inventent et perfectionnent en commun des machines appropriées à tous les usages. Par tout l'activité et la rapidité du travail font éclore autour de l'homme une exhubérance de produits. Comme aux premiers âges du monde, il n'a plus qu'à allonger la main pour saisir le fruit, qu'à s'étendre au pied de l'arbre pour y avoir un abri. Seulement l'arbre est maintenant un magnifique monument où se trouvent toutes les satisfactions du luxe ; le fruit est tout ce que les arts et les sciences peuvent offrir de savoureux. C'est l'anarchie, non plus dans la forêt marécageuse avec le fangeux idiotisme et l'ombrageuse bestialité, mais l'anarchie dans un parc enchanté avec la limpide intelligence et la souriante humanité. C'est l'anarchie, non plus dans la faiblesse et l'ignorance, noyau de la sauvagerie, de la barbarie et de la civilisation, mais l'anarchie dans la force et le savoir, tronc-rameaux de l'harmonie, le glorieux épanouissement de l'homme en fleur, de l'homme libre, dans les régions de l'azur et sous le rayonnement de l'universelle solidarité.   —

Chez les humanisphériens, un homme qui ne saurait manier qu'un seul outil, que cet outil fût une plume ou une lime, rougirait de honte à cette seule pensée. L'homme vent être complet, et il n'est complet qu'à la condition de connaître beaucoup. Celui qui est seulement homme de plume ou homme de lime est un castrat que les civilisés peuvent bien admettre ou admirer dans leurs églises ou dans leurs fabriques, dans leurs ateliers ou dans leurs académies, mais ce n'est pas un homme naturel ; c'est une monstruosité qui ne provoquerait que l'éloignement et le dégoût parmi les hommes perfectibilisés de l'Humanisphère. L'homme doit être à la fois homme de pensée et homme d'action, et produire par le bras comme par le cerveau. Autrement il attente à sa virilité, il forfait à l'œuvre de la création ; et, pour atteindre à une voix de fausset, il perd toutes les larges et émouvantes notes de son libre et vivant instrument. L'homme n'est plus un homme alors, mais une serinette.

Un humanisphérien non seulement pense et agit tout à la fois, mais encore il exerce dans la même journée des métiers différents. Il cisèlera une pièce d'orfèvrerie et travaillera sur une pièce de terre ; il passera du burin à la pioche, et du fourneau de cuisine à un pupitre d'orchestre. Il est familier avec une foule de travaux. Ouvrier inférieur en ceci, il est ouvrier supérieur en cela. Il a sa spécialité où il excelle. Et c'est justement cette infériorité et cette supériorité des uns envers les autres qui produit l'harmonie. Il n'en coûte nullement de se soumettre à une supériorité, je ne dirai pas officiellement, mais officieusement reconnue, quand l'instant d'après, et dans une autre phase de la production, cette supériorité de-

viendra votre infériorité. Cela crée une ému-
lation salutaire, une réciprocité bienveillante
et destructive des jalouses rivalités. Puis, par
ces travaux divers, l'homme acquiert la possession de plus d'objets de comparaison, son
intelligence se multiplie comme son bras, c'est
une étude perpétuelle et variée qui développe
en lui toutes les facultés physiques et intellectuelles, et dont il profite pour se perfectionner
dans son acte de prédilection.

Je répète ici ce que j'ai déjà noté précédem-
ment : Quand je parle de l'homme, ce n'est pas
seulement d'une moitié de l'humanité dont il
est question, mais de l'humanité entière, de la
femme comme de l'homme, de l'Etre humain.
Ce qui s'applique à l'un s'applique également
à l'autre. Il n'y a qu'une exception à la règle
générale, un travail qui est l'apanage exclusif
de la femme, c'est celui de l'enfantement et de
l'allaitement. Quand la femme accomplit ce
labeur, il est tout simple qu'elle ne peut guère
s'occuper activement des autres. C'est une
spécialité qui l'éloigne momentanément de la
pluralité des attributions générales, mais, sa
grossesse et son nourriciat achevés, elle reprend
dans la communauté ses fonctions, identiques à
toutes celles des humanisphériens.

A sa naissance, l'enfant est inscrit sous les
nom et prénoms de sa mère au livre des statistiques ; plus tard, il prend lui-même les nom

et prénoms qui lui conviennent, garde ceux
qu'on lui a donnés ou en change. Dans l'Humanisphère, il n'y a ni bâtards des mérités ni légitimes privilégiés. Les enfants sont les enfants
de la nature, et non de l'artifice. Tous sont
égaux et légitimes devant, l'Humanisphère
et l'humanisphérité. Tant que l'embryon externe est encore attaché à la mamelle de sa
mère comme le fœtus dans l'organe interne, il
est considéré comme ne faisant qu'un avec sa
nourrice. Le sevrage est pour la femme une
seconde délivrance qui s'opère lorsque l'enfant
peut aller et venir seul. La mère et l'enfant
peuvent rester encore ensemble, si tel est le
bon plaisir des deux. Mais si l'enfant qui sent
pousser ses petites volontés préfère la compagnie et la demeure des autres enfants, ou si la
mère, fatiguée d'une longue couvée, ne se
soucie plus de l'avoir constamment près d'elle,
alors ils peuvent se séparer. L'appartement
des enfants est là, et pas plus que les autres il
ne manquera de soins, car tour à tour toutes
les mères s'y donnent rendez-vous. Si, dans la
permutation des décès et des naissances, il se
trouve qu'un nouveau-né perde sa mère, ou
qu'une mère perde son enfant, la jeune femme
qui a perdu son enfant donne le sein à l'enfant
qui a perdu sa mère, ou bien on donne à l'orphelin la mamelle d'une chèvre ou d'une
lionne. Il est même d'usage parmi les mères

nourricières de faire boire à l'enfant chétif du
lait d'animaux vigoureux tel que le lait de
lionne, comme parmi les civilisés on fait prendre du lait d'ânesse aux poitrinnaires. (N'ou-
blions pas qu'à l'époque dont il est question, les
lionnes et les panthères sont des animaux
domestiques ; que l'homme possède des troupeaux d'onrs comme nous possédons aujour-
d'hui des troupeaux de moutons ; que les
animaux les plus féroces se sont rangés,
soumis et disciplinés sous le pontificat de
l'homme ; qu'ils rampent à ses pieds avec
une secrète terreur et s'inclinent devant l'auréole de lumière et d'électricité qui couronne
son front et leur impose le respect. L'homme
est le soleil autour duquel toutes les races
animales gravitent.)

La nourriture des hommes et des femmes
est basée sur l'hygiène. Ils adoptent de préférence les aliments les plus propres à la nutrition des muscles du corps et des fibres du
cerveau. Ils ne font pas un repas sans manger
quelques bouchées de viande rôtie, soit de
mouton, ours ou bœuf ; quelques cuillerées
de café ou autres liqueurs qui surexcitent la
sève de la pensée. Tout est combiné pour que
les plaisirs, même ceux de la table, ne soient
pas improductifs ou nuisibles au développement de l'homme et des facultés de l'homme.
Chez eux tout plaisir est un travail, et tout

travail est un plaisir. La fécondation du bonheur y est perpétuelle. C'est un printemps et un automne continus de satisfactions. Les fleurs et les fruits de la production, comme les fleurs et les fruits des tropiques, y poussent en toute saison. Tel le bananier est la petite humanisphère qui pourvoit au gîte et à la pâture du nègre marron, telle aussi l'Humanisphère est le grand bananier qui satisfait aux immenses besoins de l'homme libre. C'est à son ombre qu'il aspire à pleins poumons toutes les douces brises de la nature et que, élevant sa prunelle à la hauteur des astres, il en contemple tous les rayonnements.

Comme on doit le penser, il n'y a pas de médecins, c'est dire qu'il n'y a pas de maladies. Qu'est-ce qui cause les maladies aujourd'hui ? Les émanations pestilentielles d'une partie du globe et, surtout, le manque d'équilibre dans l'exercice des organes humains. L'homme s'épuise à un travail unique, à une jouissance unique. L'un se tord dans les convulsions du jeûne, l'autre dans les coliques et les hoqnets de l'indigestion. L'un occupe son bras à l'exclusion de son cerveau, l'autre son cerveau à l'exclusion de son bras. Les froissements du jour, les soucis du lendemain contractent les fibres de l'homme, arrêtent la circulation naturelle du sang et produisent des cloaques intérieurs d'où s'exhalent le dépérissement et la mort. Le médecin arrive, lui qui a intérêt à ce qu'il y ait des maladies comme l'avocat a intérêt à ce qu'il y ait des procès, et il inocule dans les veines du patient le mercure et l'arsenic ; d'une indisposition passagère, il fait une lèpre incurable et qui se communique de génération en génération. On a horreur d'une Brinvilliers, mais vraiment qu'est-ce qu'une Brinvilliers comparée à ces empoisonneurs qu'on nomme des médecins ? La Brinvilliers n'attentait qu'à la vie de quelques-uns de ses contemporains ; eux, ils attentent à la vie et à l'intelligence de tous les hommes jusque dans leur postérité. Civilisés! civilisés! ayez des académies de bourreaux si vous voulez, mais n'ayez pas des académies de médecins ! Homme d'amphithéâtres ou d'échafauds, assassinez s'il le faut le présent, mais épargnez au moins l'avenir !...

Chez les humanisphériens il y a équation dans l'exercice des facultés ds l'homme, et ce niveau produit la santé. Cela ne veut pas dire qu'on ne s'y occupe pas de chirurgie ni d'anatomie. Aucun art, aucune science n'y sont négligés. Il n'est même pas un humanisphérien qui n'ait plus ou moins suivi ces cours. Ceux des travailleurs qui professent la chirurgie exercent leur savoir sur un bras ou une jambe quand un accident arrive. Quant aux indispositions, comme tous ont des notions d'hygiène et d'anatomie, ils se médicamentent eux-mêmes, ils prennent l'un un bol d'exercice, l'autre une fiole de sommeil, et le lendemain, le plus souvent tout est dit : ils sont les gens les plus dispos du monde.

Contrairement à Gall et à Lavater, qui o pris l'effet pour la cause, ils ne croient pas q l'homme naisse avec des aptitudes absolume prononcées. Les lignes du visage et les relie de la tête ne sont pas choses innées en nou disent-ils ; nous naissons tous avec le germ de toutes les facultés, (sauf de rares exception il y a les infirmes du mental comme du phy sique, mais les monstruosités sont appelées disparaître en Harmonie,) les circonstance extérieures agissent directement sur elles Selon que ces facultés se trouvent ou se son trouvées exposées à leur rayonnement, elles acquièrent une plus ou moins grande croissance, se dessinent d'une telle ou telle autre manière. La physionomie de l'homme reflète ses penchants, mais cette physionomie est le plus souvent bien différente de celle qu'il avait étant enfant. La crâniologie de l'homme témoigne de ses passions, mais cette crâniologie n'a le plus souvent rien de comparable avec celle qu'il avait au berceau. — De même que le bras droit exercé au détriment du bras gauche, acquiert plus de vigueur, plus d'élasticité et aussi plus de volume que son frère jumeau,

si bien que l'abus de cet exercice peut rendre
un homme bossu d'une épaule, de même aussi
l'exercice exclusif donné à certaines facultés
passionnelles peut, en développer les organes
et rendre un homme bossu du crâne. Les sil-
ons du visage comme les bosses du crâne sont
épanouissement de nos sensations sur notre
face, mais ne sont nullement des stigmates
originels. Le milieu dans lequel nous vivons
et la diversité des points de vue où sont placés
les hommes, et qui fait que pas un ne peut voir
les choses sous le même aspect, expliquent la
diversité de la crâniologie et de la phrénologie
chez l'homme, comme la diversité de ses passions et de ses aptitudes. Le crâne dont les
bosses sont également développées est assurément le crâne de l'homme le plus parfait. Le
type de l'idéal n'est sans doute pas d'être
bossu ni cornu. Que de gens pourtant dans le
monde actuel sont fiers de leurs bosses et de
leurs cornes ! Si quelque docte astrologue,—au
nom de la prétendue science, venait dire que
c'est le soleil qui s'échappe des rayons, et non
les rayons qui s'échappent du soleil, ma parole, il se trouverait des civilisés pour le
croire et des commis-professeurs pour le
débiter. Pauvre monde ! Pauvres corps ensei-
gnants ! Enfer d'hommes ! Paradis d'épiciers !

Comme il n'y a là ni esclaves ni maîtres, ni
chefs ni subordonnés, ni propriétaires ni deshé-

rités, ni légalité ni pénalité, ni frontières ni barrières, ni codes civils ni codes religieux, il n'y a non plus ni autorités civiles, militaires et religieuses, ni avocats ni huissiers, ni avoués ni notaires, ni juges ni policiers, ni bourgeois ni seigneurs, ni prêtres ni soldats, ni trônes ni autels, ni casernes ni églises, ni prisons, ni forteresses, ni bûchers ni échafauds ; ou, s'il y en a encore, c'est conservé dans l'esprit-de-vin, mommifié en grandeur naturelle ou reproduit en miniature, le tout rangé et numéroté dans quelque arrière-salle de musée comme des objets de curiosité et d'antiquité. Les livres même des auteurs français, cosaques, allemands, anglais, etc., etc , gisent dans la poussière et les greniers des bibliothèques : personne ne les lit, ce sont des langues mortes du reste. Une langue universelle a remplacé tous ces jargons de nations. Dans cette langue, on dit plus en un mot que dans les nôtres on ne pourrait dire en une phrase. Quand par hasard un humanisphérien s'avise de jeter les yeux sur les pages écrites du temps des civilisés et qu'il a le courage d'en lire quelques lignes, il referme bientôt le livre avec un frémissement de honte et de dégoût ; et, en songeant à ce qu'était l'humanité à cette époque de dépravation babylonnienne et de constitutions syphilitiques, il sent le rouge lui monter au visage, comme une femme, jeune encore, dont la jeunesse aurait été souillée par la débauche, rougirait, après s'être réhabilitée, au souvenir de ses jours de prostitution.

La propriété et le commerce, cette affection putride de l'or, cette maladie usuricnne, cette contagion corrosive qui infeste d'un virus de vénalité les sociétés contemporaines, et métalise l'amitié et l'amour ; ce fléau du dix-neuvième siècle a disparu du sein de l'humanité. Il n'y a plus ni vendeurs ni vendus. La communion anarchique des intérêts a répandu partout la pureté et la santé dans les mœurs. L'amour n'est plus un trafic immonde, mais un échange de tendres et purs sentiments. Vénus n'est plus la Vénus impudique, mais la Vénus Uranie. L'amitié n'est plus une marchande des halles caressant le gousset des passants et changeant les mielleux propos en engueulements, selon qu'on accepte ou refuse sa marchandise, c'est une charmante enfant qui ne demande que des caresses en retour de ses caresses, sympathie pour sympathie. Dans l'Humanisphère, tout ce qui est apparent est réel, l'apparence n'est point un travestissement. La dissimulation fut toujours la livrée des valets et des esclaves : elle est de rigueur parmi les civilisés. L'homme libre porte au cœur la franchise, cet écusson de la Liberté. La dissimulation n'est pas même une exception parmi les humanisphériens.

Les artifices religieux, les édifices de la superstition répondent chez les civilisés, comme chez les barbares, comme chez les sauvages, à un besoin d'idéal que ces populations ne trouvant pas dans le monde du réel, vont aspirer dans le monde de l'impossible. La femme surtout, cette moitié du genre humain, plus exclue encore que l'autre des droits sociaux, et reléguée, comme la Cendrillon, au coin du foyer du ménage, livrée à ses méditations catéchismales, à ses hallucinations maladives, la femme s'abandonne avec tout l'élan du cœur et de l'imagination au charme des pompes religieuses et des messes à grand spectacle, à toute la poésie mystique de ce roman mystérieux, dont le beau Jésus est le héros, et dont l'amour divin est l'intrigue. Tous ces chants d'anges et d'angesses, ce paradis rempli de lumières, de musique et d'encens, cet opéra de l'éternité, dont Dieu est le grand maëstro, le décorateur, le compositeur et le chef d'orchestre, ces stalles d'azur où Marie et Madeleine, ces deux filles d'Eve, ont des places d'honneur ; toute cette fantasmagorie des physiciens sacerdotaux ne peut manquer dans une société comme la nôtre d'impressionner vivement la fibre sentimentale de la femme, cette fibre comprimée et toujours frémissante. Le corps enchaîné à son fourneau de cuisine, à son comptoir de boutique ou à son piano de salon, elle erre par la pensée, — sans lest et

sans voilure, sans gouvernail et sans boussole,
— vers l'idéalisation de l'être humain dans les
sphères parsem es d'écueils et constellées de
superstition du fluidique azur, dans les exoti-
ques rêveries de la vie paradisiaque. Elle
réagit par le mysticisme, elle s'insurge par la
superstition contre ce degré d'infériorité sur
lequel l'homme l'a placée. Elle en appelle de
son abaissement terrestre à l'ascension céleste,
de la bestialité de l'homme à la spiritualité de
Dieu.

Dans l'Humanisphère, rien de semblable ne
peut avoir lieu. L'homme n'est rien plus que
la femme, et la femme rien plus que l'homme.
Tous deux sont également libres. Les urnes de
l'instruction volontaire ont versé snr leurs
fronts des flots de science. Le choc des intelligences en a nivelé le cours. Ls crue des fluc-
tueux besoins en élève le niveau tous les
jours. L'homme et la femme nagent dans cet
océan du progrès, enlacés l'un à l'autre. Les
sources vives du cœur épanchent dans la société leurs liquoreuses et brûlantes passions et
font à l'homme comme à la femme un bain
savoureux et parfumé de leurs mutuelles
ardeurs. L'amour n'est plus du mysticisme ou
de la bestialité, l'amour a toutes les voluptés
des sensations physiques et morales, l'amour
c'est de l'humanité, humanité épurée, vivifiée,
régénérée, humanité faite homme. L'idéal

étant sur la terre, terre présente ou future, qui voulez-vous qui l'aille chercher ailleurs? Pour que la divinité se promène sur les nuages de l'imagination, il faut qu'il y ait des nuages, et sous le crâne humanisphérien il n'y a que des rayons. Là où règne la lumière il n'y a point de ténèbres; là où règne l'intelligence, il n'y a point de superstition. Aujourd'hui que l'existence est une macération perpétuelle, une claustration des passions, le bonheur est un rêve. Dans le monde futur, la vie étant l'expansion de toutes les fibres passionnelles, la vie sera un rêve de bonheur.

Dans le monde civilisé, tout n'est que masturbation et sodomie, masturbation ou sodomie de la chair, masturbation ou sodomie de l'esprit. L'esprit est un égoùt à d'abjectes pensées, la chair un exutoire à d'immondes plaisirs. En ce temps-ci l'homme et la femme ne font pas l'amour, ils font leurs besoins... En ce temps là ce sera un besoin pour eux que l'amour! Et ce n'est qu'avec le feu de la passion au cœur, avec l'ardeur du sentiment au cerveau qu'ils s'uniront dans un mutuel baiser. Toutes les voluptés n'agiront plus que dans l'ordre naturel, aussi bien celles de la chair que celles de l'esprit. La liberté aura tout purifié.

Après avoir visité en détail les bâtiments de l'Humanisphère, où tout n'est qu'ateliers de

plaisir et salons de travail, magasins de sciences
et d'arts et musées de toutes les productions :
après avoir admiré ces machines de fer dont la
vapeur ou l'électricité est le mobile, laborieuses
d'engrenages qui sont aux humanisphériens ce
que les multitudes de prolétaires ou d'esclaves
sont aux civilisés ; après avoir assisté au mouvement non moins admirable de cet engrenage
humain, de cette multitude de travailleurs
libres, mécanisme sériel dont l'attraction est
l'unique moteur ; après avoir constaté les merveilles de cette organisation égalitaire dont
l'évolution anarchique produit l'harmonie ;
après avoir visité les champs, les jardins, les
prairies, les hangars champêtres où viennent
s'abriter les troupeaux errants par la campagne, et dont les combles servent de greniers à
fourrage ; après avoir parcouru toutes les
lignes de fer qui sillonnent l'intérieur et l'extérieur de l'Humanisphère, et avoir navigué
dans ces magnifiques steamers aériens qui
transportent à vol d'aigle les hommes et les
produits, les idées et les objets d'une humanisphère à une humanisphère, d'un continent à un
continent, et d'un point du globe à ses extré-
mités ; après avoir vu et entendu, après avoir
palpé du doigt et de la pensée toutes ces choses, — comment se fait-il, me disais-je, en
faisant un retour sur les civilisés, comment se
fait-il qu'on puisse vivre sous la Loi, ce Knout

de l'Autorité, quand l'Anarchie, cette loi de la Liberté, a des mœurs si pures et si douces ? Comment se fait-il qu'on regarde comme chose si phénoménale cette fraternité intelligente, et comme chose normale cette imbécilité fratricide ?... Ah ! les phénomènes et les utopies ne sont des phénomènes ou des utopies que par rapport à notre ignorance. Tout ce qui pour notre monde est phénomène, pour un autre monde est chose tout ordinaire, qu'il s'agisse du mouvement des planètes ou du mouvement des hommes ; et ce qu'il y aurait de bien plus phénoménal pour moi, c'est que la société restât perpétuellement dans les ténèbres sociales et qu'elle ne s'éveillât pas à la lumière. L'autorité est un cauchemar qui pèse sur la poitrine de l'Humanité et l'étouffe ; qu'elle entende la voix de la Liberté, qu'elle sorte de son douloureux sommeil, et bientôt elle aura recouvré la plénitude de ses sens, et son aptitude au travail à l'amour, au bonheur !

Bien que dans l'Humanisphère les machines fissent tous les plus grossiers travaux, il y avait, selon moi, des travaux plus désagréables les uns que les autre, il y en avait même qui me semblaient ne devoir être du goût de personne. Néanmoins, ces travaux s'exécutaient sans qu'aucune loi ni aucun réglement y contraignît qui que ce fût. Comment cela ? me disais-je, moi qui ne voyais encore les choses que par mes yeux de civilisé. C'était bien simple pourtant. Qu'est-ce qui rend le travail attrayant ? ce n'est pas toujours la nature du travail mais la condition dans laquelle il s'exerce et la condition du résultat à obtenir. De nos jours, un ouvrier va exercer une profession ; ce n'est pas toujours la profession qu'il aurait choisi : le hasard plus que l'attraction en a décidé ainsi. Que cette profession lui procure une certaine aisance relative, que son salaire soit élevé, qu'il ait affaire à un patron qui ne lui fasse pas trop lourdement sentir son autorité, et cet ouvrier accomplira son travail avec un certain plaisir. Que par la suite, ce même ouvrier travaille pour un patron revêche, que son salaire soit diminué de moitié, que sa profession ne lui procure plus que la misère, et il ne fera plus qu'avec dégoût ce travail qu'il accomplissait naguère avec plaisir. L'ivrognerie et la paresse n'ont pas d'autre cause parmi les ouvriers. Esclaves à bout de patience, ils jettent alors le manche après la cognée et, rebuts du monde, ils se vautrent dans la lie et la crasse, ou caractères d'élite, ils s'insurgent jusqu'au meurtre, jusqu'au martyre, comme Alibaud, comme Moncharmont, et revendiquent leurs droits d'hommes, fer contre fer et face à face avec l'échafaud. Immortalité de gloire à ceux-là !...

Dans l'Humanisphère, les quelques travaux

qui par leur nature me paraissaient répugnants trouvent pourtant des ouvriers pour les exécuter avec plaisir. Et la cause en est à la condition dans laquelle ils s'exercent. Les différentes séries de travailleurs se recrutent volontairement, comme se recrutent les hommes d'une barricade, et sont entièrement libres d'y rester le temps qu'ils veulent ou de passer à une autre série ou à une autre barricade. Il n'y a pas de chef attitré ou titré. Celui qui a le plus de connaissance ou d'aptitude à ce travail dirige naturellement les autres. Chacun prend mutuellement l'initiative, selon qu'il s'en reconnaît les capacités. Tour à tour chacun donne des avis et en reçoit. Il y a entente amicale, il n'y a pas autorité. De plus il est rare qu'il n'y ait pas mélange d'hommes et de femmes parmi les travailleurs d'une série. Aussi le travail est-il dans des conditions trop attrayantes pour que, fût-il répugnant par lui-même, on ne trouve pas un certain charme à l'accomplir. Vient ensuite la nature des résultats à obtenir. Si ce travail est en effet indispensable, ceux à qui il répugne le plus et qui s'en abstiennent seront charmés que d'autres s'en soient chargés, et ils rendront en affabilité à ces derniers, en laborieuses prévenances d'autre part, la compensation du service que les autres leur auront rendu. Il ne faut pas croire que les travaux les plus grossiers soient chez les humanisphériens le partage des intelligences inférieures, bien au contraire, ce sont les intelligences supérieures, les sommités dans les sciences et dans les arts qui le plus souvent se plaisent à remplir ces corvées. Plus la délicatesse est exquise chez l'homme, plus le sens moral est développé, et plus il est apte à certains moments aux rudes et âpres labeurs, surtout quand ces labeurs sont un sacrifice offert en amour à l'humanité. J'ai vu, lors de la transportation de Juin, au fort du Homet, à Cherbourg, de délicates natures qui auraient pu, moyennant quelques pièces de monnaie, faire prendre par un co-détenu leur tour de corvée, — et c'était une sale besogne que de vider le baquet aux ordures, — mais qui, pour donner satisfaction à leurs jouissances morales, au témoignage intérieur de leur fraternité avec leurs semblables, préféraient faire cette besogne eux-mêmes et dépenser à la cantine, avec et pour leurs camarades de corvée, l'argent qui eût pu servir à les en affranchir. L'homme véritablement homme, l'homme *égoïstement* bon, est plus heureux de faire une chose pour le bien qu'elle procure aux autres que de s'en dispenser en vue d'une satisfaction immédiate et toute personnelle. Il sait que c'est un grain semé en bonne terre et dont il recueillera tôt ou tard un épi. L'égoïsme est la source de toutes les vertus. Les premiers chrétiens, ceux qui vivaient en communauté et en fraternité dans les catacombes, étaient des égoistes, ils plaçaient leurs vertus à intérêts usuraires entre les mains de Dieu pour en obtenir des primes d'immortalité célestes. Les humanisphériens placent leurs bonnes actions en viager sur l'Humanité, afin de jouir, — depuis l'instant de leur naissance jusqu'à l'extinction de leur vie, — des bénéfices de l'assurance mutuelle. Humainement, on ne peut acheter le bonheur individuel qu'au prix de l'universel bonheur.

Je n'ai pas encore parlé du costume des humanisphériens. Leur costume n'a rien d'uniforme, chacun s'habille à sa guise. Il n'y a pas de mode spéciale. L'élégance et la simplicité en est le signe général. C'est surtout dans la coupe et la qualité des étoffes qu'en est la distinction. La blouse, dite roulière, à manches pagodes, de toile pour le travail, de drap ou de soie pour les loisirs ; une culotte bretonne ou u. pantalon large ou collant, mais toujours étroit du bas, avec des bottes à revers par dessus le pantalon ou de légers cothurnes en cuir verni ; un chapeau de feutre rond avec un simple ruban ou garni d'une plume, où bien un turban ; le cou nu comme au moyen-âge ; et les parements de la chemise débordant au cou et aux poignets par dessous la blouse, tel est le costume le plus en usage. Maintenant, la

couleur, la nature de l'étoffe, la coupe, les
accessoires diffèrent essentiellement. L'un
laisse flotter sa blouse, l'autre porte une écharpe en ceinture, ou bien une pochette en maroquin ou en tissu, suspendue à une chaîne
d'acier ou à une bande de cuir et tombant sur
la cuisse. L'hiver, l'un s'enveloppe d'un man-
teau, l'autre d'un burnous. Les hommes comme les femmes portent indifféremment le même
costume. Seulement, les femmes substituent
le plus généralement une jupe au pantalon,
ornent leur blouse ou tunique de dentelles,
leurs poignets et leur cou de bijoux artistement
travaillés, imaginent les coiffures les plus
capables de faire valoir les traits de leur visage ; mais aucune d'elles ne trouverait
gracieux de se percer le nez ou les oreilles
pour y passer des anneaux d'or ou d'argent et
y attacher des pierreries. Un grand nombre
portent des robes à taille dont la multiplicité
des formes est à l'infini. Elles ne cherchent pas
à s'uniformiser les unes avec les autres, mais à
se différencier les unes des autres. Et il en est
de même des hommes. Les hommes portent
généralement toute la barbe, et les cheveux
longs et séparés sur le sommet de la tête. Ils
ne trouvent pas plus naturel ni moins ridicule
de se raser le menton que le crâne ; et dans
leur vieillesse, alors que la neige des années a
blanchi leur front et engourdi leur vue, ils ne

s'épilent pas plus les poils blancs qu'ils ne
s'arrachent les yeux. Il se porte aussi beaucoup
de costumes divers, des costumes genre Louis
XIII, entre autres, mais pas un des costumes masculins de notre époque. Les ballons
dans lesquels naviguent sur terre les femmes de nos jours sont réservés pour les
steamers aériens, et les tuyaux en tolle ou en
soie noire ne servent de couvre-chef qu'au cervelet des cheminées. Je ne sache pas qu'il soit
un seul homme parmi les humanisphériens qui
voulût se ridiculiser dans la redingote ou l'habit bourgeois, cette livrée des civilisés. Là on
veut être libre de ses mouvements et que le
costume témoigne de la grâce et de la liberté
de celui qui le porte. On préfère la majesté
d'un pli ample et flottant à la raideur bouffie
de la crinoline et à la grimace épileptique d'un
frac à tête de crétin et à queue de morue.
L'habit, dit un proverbe, ne fait pas le moine.
C'est vrai dans le sens du proverbe. Mais la
société fait son habit, et une société qui s'habille comme la nôtre, dénonce, comme la
chrysalide pour sa coque, sa laideur de chenille à la clarté des yeux. Dans l'Humanisphère, l'humanité est loin d'être une chenille,
elle n'est plus prisonnière dans son cocon, il
lui a poussé des ailes, et elle a revêtu l'ample
et gracieuse tunique, le charmant émail, l'élégante envergure du papillon. — Prise dans le

sens absolu, l'enveloppe c'est l'homme : La physionomie n'est jamais un masque pour qui sait l'interroger. Le moral perce toujours au physique. Et le physique de la société actuelle n'est pas beau : combien plus laid encore est son moral !

Dans mes excursions, je n'avais vu nulle part de cimetière. Et je me demandais où passaient les morts, quand j'eus occasion d'assister à un enterrement.

Le mort était étendu dans un cercueil à jour qui avait la forme d'un grand berceau. Il n'était environné d'aucun aspect funèbre. Des fleurs naturelles étaient effeuillées dans le berceau et lui couvraient le corps. La tête découverte reposait sur des bouquets de roses qui lui servaient d'oreiller. On mit le cercueil dans un wagon ; ceux qui avaient le plus particulièrement connu le mort prirent place à la suite. Je les imitai.

Arrivé dans la campagne, à un endroit où était une machine en fer érigée sur des degrés de granit, le convoi s'arrêta. La machine en question avait à peu près l'apparence d'une locomotive. Un tambour ou chaudière posait sur un ardent brasier. La chaudière était surmontée d'un long tuyau à piston. On sortit le cadavre du cercueil, on l'enveloppa dans son suaire, puis on le glissa par une ouverture en tiroir dans le tambour. Le brasier était chargé de le réduire en poudre. Chacun des assistants jeta alors une poignée de roses effeuillées sur les dalles du monument. On entonna une hymne à la transformation universelle. Puis chacun se sépara. Les cendres des morts sont ensuite jetées comme engrais sur les terres de labour.

Les humanisphériens prétendent que les cimetières sont une cause d'insalubrité, et qu'il est bien préférable de les ensemencer de grains de blé que de tombeaux, attendu que le froment nourrit les vivants et que les caveaux de marbre ne peuvent qu'attenter à la régénération des morts. Ils ne comprennent pas plus les prisons funéraires qu'ils ne comprendraient les tombes cellulaires, pas plus la détention des morts que la détention des vivants. Ce n'est pas la superstition qui fait loi chez eux, c'est la science. Ils n'ont que de la raison et point de préjugés. Pour eux toute matière est animée ; ils ne croient pas à la dualité de l'âme et du corps, ils ne reconnaissent que l'unité de substance ; seulement, cette substance acquiert mille et mille formes, elle est plus ou moins grossière, plus ou moins épurée, plus ou moins solide ou plus ou moins volatile. En admettant même, disent-ils, que l'âme fût une chose distincte du corps, — ce que tout dénie, — il y aurait encore absurdité à croire à son immortalité individuelle, à sa personnalité éternellement compacte, à son immobilisation indestructible. La loi de composition et de décomposition qui régit les corps, et qui est la loi universelle, serait aussi la loi des âmes.

De même que, à la chaleur du calorique la vapeur de l'eau se condense dans le cerveau de la locomotive et constitue ce qu'on pourrait appeler son âme, de même au foyer du corps humain, le bouillonnement de nos sensations, se condensant en vapeur sous notre crâne, constitue notre pensée et fait mouvoir, de toute la force d'électricité de notre intelligence, les rouages de notre mécanisme corporel. Mais s'ensuit-il que la locomotive, forme finie et par conséquent périssable, ait une âme plus immortelle que son enveloppe ? Certes, l'électricité qui l'anime ne disparaîtra pas dans l'impossible néant, pas plus que ne disparaîtra la substance palpable dont elle est revêtue. Mais au moment de la mort, comme au moment de l'existence, la chaudière comme la vapeur ne sauraient conserver leur personnalité exclusive. La rouille ronge le fer, la vapeur s'évapore ; corps et âmes se transforment incessamment et se dispersent dans les entrailles de la terre ou sur l'aile des vents en autant de parcelles que le métal ou le fluide contient de molécules, c'est-à-dire à l'infini, la molécule étant pour les infinitésimaux ce qu'est le globe terrestre pour les hommes, un monde habité et en mouvement, une agrégation animée d'êtres imperceptibles, susceptibles d'attraction et de répulsion, et par conséquent de formation et de dissolution. Ce qui fait la vie, ou, ce qui est la même chose, le mouvement, c'est la condensation et la dilatation de la substance élaborée par l'action chimique de la nature. C'est cette alimentation et cette déjection de la vapeur chez la locomotive, de la pensée chez l'homme, qui agite le balancier du corps. Mais le corps s'use par le frottement, la locomotive va au rebut, l'homme à la tombe. C'est ce qu'on appelle la mort, et ce qui n'est qu'une métamorphose, puisque rien ne se perd et que tout reprend forme nouvelle sous la manipulation incessante des forces attractives.

Il est reconnu que le corps humain se renouvelle tous les sept ans ; il ne reste de nous molécule sur molécule. Depuis la plante des pieds jusqu'à la pointe des cheveux, tout a été détruit, parcelle par parcelle. Et l'on voudrait que l'âme, qui n'est que le résumé de nos sensations, quelque chose comme leur vivant miroir, miroir où se reflètent les évolutions de ce monde d'infiniment petits dont le tout s'appelle un homme ; l'on voudrait que l'âme ne se renouvelât pas d'année en année et d'instant en instant ; qu'elle ne perdît rien de son individualité en s'exhalant au dehors, et n'acquît rien de l'individualité des autres en en respirant les émanations ? Et quand la mort, étendant son souffle sur le physique, forme finie, vient en disperser au vent les débris et en promener dans les sillons la poussière, comme une semence qui porte en elle le germe de nouvelles moissons, l'on voudrait, — vaniteuse et absurde inconséquence de notre part ! — que ce souffle de destruction ne pût briser l'âme humaine, forme finie, et en disperser au monde la poussière ?

En vérité quand on entend les civilisés se targuer de l'immortalité de leur âme, on est tenté de se demander si l'on a devant soi des fourbes ou des brutes, et l'on finit par conclure qu'ils sont l'un et l'autre.

Nous jetons, disent les humanisphériens, la cendre des morts en pâture à nos champs de culture, afin de nous les incorporer plus vite sous forme d'aliment et de les faire renaître ainsi plus promptement à la vie de l'humanité. Nous regarderions comme un crime de reléguer à fond de terre une partie de nous-mêmes et d'en retarder ainsi l'avènement à la lumière. Comme il n'y a pas à douter que la terre ne fasse échange d'émanations avec les autres globes, et cela sous la forme la plus subtile, celle de la pensée, nous avons la certitude que plus la pensée de l'homme est pure, plus elle est apte à s'exhaler vers les sphères des mondes supérieurs. C'est pourquoi nous ne voulons pas que ce qui a appartenu à l'humanité soit perdu pour l'humanité, afin que ces restes repassés à l'alambic de la vie humaine, alambic toujours plus perfectionné, acquièrent une propriété plus éthérée et passent ainsi du circulus humain à un circulus plus élevé, et de circulus en circulus à la circulation universelle.

Les chrétiens, les catholiques mangent Dieu par amour pour la divinité, ils communient en théophages. Les humanisphériens poussent l'amour de l'humanité jusqu'à l'anthropophagie: ils mangent l'homme après sa mort, mais sous une forme qui n'a rien de répugnant, sous forme d'hostie, c'est-à-dire sous forme de pain et de vin, de viande et de fruits, sous forme d'aliments. C'est la communion de l'homme par l'homme, la résurrection des restes cadavériques à l'existence humaine. Il vaut mieux, disent-ils, faire revivre les morts que de les pleurer. Et ils activent le travail clandestin de la nature, ils abrègent les phases de la transformation, les péripéties de la métempsycose. Et ils saluent la mort, comme la naissance, ces deux berceaux d'un vie nouvelle, avec des chants de fête et des parfums de fleurs. L'immortalité, affirment-ils, n'a rien d'immatériel. L'homme, corps de chair, lumineux de pensée, comme tous les soleils, se dissout quand il a fourni sa carrière. La chair se triture et retourne à la chair; et la pensée, clarté projetée

par elle, rayonne vers son idéal, se décompose
en ses rayons et y adhère. — L'homme sème
l'homme, le récolte, le pétrit et le fait lui par
la nutrition. L'humanité est la sève de l'humanité, et elle s'épanouit en elle et s'exhale au
dehors, nuage de pensée ou d'encens qui s'é-
lève vers les mondes meilleurs.

Telle est leur pieuse croyance, croyance
scientifique basée sur l'induction et la déduc-
tion, sur l'analogie. Ce ne sont pas, à vrai
dire, des croyants, mais des voyants.

Je parcourus tous les continents, l'Europe,
l'Asie, l'Afrique, l'Océanie. Je vis bien des
physionomies diverses, je ne vis partout
qu'une seule et même race. Le croisement
universel des populations asiatiques, européennes, africaines et américaines (les Peaux-
rouges ;) la multiplication de tous par tous
a nivelé toutes les aspérités de couleur et
de langage. L'humanité est une. Il y a dans
le regard de tout humanisphérien un mélange de douceur et de fierté qui a un charme étrange. Quelque chose comme un nuage
de fluide magnétique entoure toute sa personne
et illumine son front d'une auréole phospho-
rescente. Ou se sent attiré vers lui par un
attrait irrésistible. La grâce de ses mouvements ajoute encore à la beauté de ses formes.
La parole qui découle de ses lèvres, tout
empreinte de ses suaves pensées, est comme

un parfum qui s'en émane. Le statuaire ne saurait modeler les contours animés de son corps et de son visage, qui empruntent à cette animation des charmes toujours nouveaux. La peinture ne saurait en reproduire la prunelle et la pensée enthousiaste et limpide, pleine de langueur ou d'énergie, mobiles aspects de lumière qui varient comme le miroir d'un clair ruisseau dans son cours calme ou rapide et toujours pittoresque. La musique ne saurait en modeler la parole, car elle ne pourrait atteindre à son ineffabilité de sentiment ; et la poésie ne saurait en traduire le sentiment, car elle ne pourrait atteindre à son indicible mélodie. C'est l'être humain idéalisé, et portant dans la forme et dans le mouvement, dans le geste et dans le regard, dans la parole et dans la pensée l'empreinte de la plus utopique perfectibilité. En un mot, c'est l'homme fait homme.

Ainsi m'est apparu le monde ultérieur, ainsi s'est déroulée sous mes yeux la suite des temps ; ainsi s'est relevé à mon esprit l'harmonique anarchie ; la société libertaire, l'égalitaire et universelle famille humaine.

O Liberté ! Cérès de l'anarchie, toi qui laboures le sein des civilisations modernes de ton talon et y sèmes la révolte, toi qui émondes les instincts sauvages des sociétés contemporaines et greffes sur leurs tiges les utopiques

pensées d'un monde meilleur, salut, universelle fécondatrice, et gloire à toi, Liberté, qui
portes en tes mains la gerbe des moissons
futures, la corbeille des fleurs et des fruits de
l'Avenir, la corne d'abondance du progrès
social. Salut et gloire à toi, Liberté.

Et toi, Idée, merci de m'avoir permis la
contemplation de ce paradis humain, de cet
Eden humanitaire. Idée, amante toujours
belle, maîtresse pleine de grâce, houri en-
chanteresse, pour qui mon cœur et ma voix
tressaillent, pour qui ma prunelle et ma pensée n'ont que des regards d'amour ; Idée, dont
les baisers sont des spasmes de bonheur, oh !
laisse-moi vivre et mourir et revivre encore
dans tes continuelles étreintes ; laisse-moi
prendre racine dans ce monde que tu as évo-
qué ; laisse-moi me développer au milieu de
ce parterre d'humains ; laisse-moi m'épanouir
parmi toutes ces fleurs d'hommes et de femmes ; laisse-moi y recueillir et y exhaler les
senteurs de l'universelle félicité !

Idée, pôle d'amour, étoile aimantée, beauté
attractive, oh ! reste-moi attachée, ne m'abandonne pas ; ne me replonge pas du rêve futur
dans la réalité présente, du soleil de la liberté
dans les ténèbres de l'autorité ; fais que je ne
sois plus seulement spectateur, mais acteur de
ce roman anarchique dont tu m'as donné le
spectacle. O toi par qui s'opèrent les miracles,

fais retomber derrière moi le rideau des siècles, et laisse-moi vivre ma vie dans l'Humanisphère et l'humanisphérité !...

Enfant, me dit-elle, je ne puis t'accorder ce
que tu désires. Le temps est le temps. Et il est
des distances que la pensée seule peut franchir. Les pieds adhèrent au sol qui les a vus
naître. La loi de la pesanteur le veut ainsi.
Reste donc sur le sol de la civilisation comme
un calvaire, il le faut. Sois un des messies de la
régénération sociale. Fais luire ta parole comme un glaive, plonge-la nue et acérée au sein
des sociétés corrompues, et frappe à la place
du cœur le cadavre ambulant de l'Autorité.
Appelle à toi les petits enfants et les femmes et
les prolétaires, et enseigne-leur par la prédica-
tion et par l'exemple, la revendication du droit
au développement individuel et social. Con-
fesse la toute-puissance de la Révolution jusque sur les degrés de la barricade, jusque sur
la plateforme l'échafaud. Sois la torche qui
incendie et le flambeau qui éclaire. Verse le
fiel et le miel sur la tête des opprimés. Agite
dans tes mains l'étendard du progrès idéal et
provoque les libres intelligences à une croisa-
de contre les barbares ignorances. Oppose la
vérité au préjugé, la liberté à l'autorité, le bien
au mal. Homme errant, sois mon champion ;
jette à la légalité bourgeoise un sanglant
défi ; combats avec le fusil et la plume, avec le

sarcasme et le pavé, avec le front et la main ;
meurs ou . . . . . Homme martyr, crucifié social, porte avec courage ta couronne d'épines,
mors l'éponge amère que les civilisés te met-
tent à la bouche, laisse saigner les blessures
de ton cœur ; c'est de ce sang que seront faites
les écharpes des hommes libres. Le sang des
martyrs est une rosée féconde, secouons en
les gouttes sur le monde. Le bonheur n'est pas
de ce siècle, il est sur la terre qui chaque jour
se révolutionne en gravitant vers la lumière,
il est dans l'humanité future !...

Hélas ! tu passeras encore par l'étamine de
bien des générations, tu assisteras encore à
bien des essais informes de rénovation sociale,
à bien des désastres, suivis de nouveaux progrès et de nouveaux désastres, avant d'arriver
à la terre promise et avant que toutes les cra-
ties et les archies aient fait place à l'an-archie.
Les peuples et les hommes briseront et re-
noueront encore bien des fois leurs chaînes
avant d'en jeter derrière eux le dernier
maillon. La Liberté n'est pas une femme de
lupanar, qui se donne au premier venu. Il
faut la conquérir par de vaillantes épreuves, il
faut se rendre digne d'elle pour en obtenir le
sourire. C'est une grande dame fière de sa
noblesse, car sa noblesse lui vient du front
et du cœur. La Liberté est une châtelaine qui
trône à l'antipode de la civilisation, elle y

convie l'Humanité. Avec la vapeur et l'électricité on abrège les distances. Tous les chemins conduisent au but, et le plus court est le meilleur. La Révolution y a posé ses rails de fer. Hommes et peuples, allez ! ! !

L'Idée avait parlé : je m'inclinai...

.

FIN DE LA DEUXIÈME PARTIE.

TROISIEME PARTIE.

Période transitoire.

Comment s'accomplira le progrès ? Quels moyens prévaudront ? Quelle sera la route choisie ? C'est ce qu'il est difficile de déterminer d'une manière absolue. Mais quels que soient ces moyens, quelle que soit la route, si c'est un pas vers l'anarchique liberté, j'y applaudirai. Que le progrès s'opère par le sceptre arbitraire des tzars ou par la main indépendante des républiques ; que ce soit par les Cosaques de la Russie ou par les prolétaires de France, d'Allemagne, d'Angleterre ou d'Italie ; d'une manière quelconque que l'unité se fasse, que la féodalité nationale disparaisse, et je crierai bravo. Que le sol divisé en mille fractions, s'unifie et se constitue en vastes associations agricoles, ces associations fussent-elles même, comme les sociétés de chemins de fer, des exploitations usurières, et je crierai

encore bravo. Que les prolétaires de la ville et
de la campagne s'organisent en corporations et
remplacent le salaire par le bon de circulation, la boutique par le bazar, l'accaparement
privé par l'exhibition publique et le commerce
du capital par l'échange des produits ; qu'ils
souscrivent en commun à une assurance mutuelle et fondent une banque de crédits réciproques ; qu'ils décrètent en germe l'abolition
de toute espèce d'usure, et toujours je crierai
bravo. Que la femme soit appelée à tous les
bénéfices comme elle est appelée à toutes les
charges de la société ; que le mariage disparaisse ; que l'on supprime l'héritage et qu'on
emploie le produit des succesions à doter chaque mère d'une pension pour l'allaitement et
l'éducation de son enfant ; qu'on ôte à la prostitution et à la mendicité toutes chances de se
produire ; qu'on mette la pioche sur les casernes et les églises, qu'on les rase, et qu'on édifie
sur leur emplacement des monuments d'utilité
publique ; que les arbitres se substituent aux
juges officiels et le contrat individuel à la loi ;
que l'inscription universelle, telle que la
comprend Girardin, démolisse les prisons et
les bagnes, le Code pénal et l'échafaud ; que
les plus petites comme les plus lentes réformes
se donnent carrière, ces réformes eussent-elles
des écailles et des pattes de tortue, pourvu
qu'elles fussent des progrès réels et non des

palliatifs nuisibles, une étape dans l'Avenir et
non un retour vers le Passé, et des deux mains
je les encouragerai de mes bravos.

Tout ce qui est devenu grand et fort a d'a-
bord été chétif et faible. L'homme d'aujour-
d'hui est incomparablement plus grand en
science, plus fort en industrie que ne l'était
l'homme d'autrefois. Tout ce qui commence
avec des dimensions monstrueuses n'est pas
né viable. Les énormités fossiles ont précédé
la naissance de l'homme comme les sociétés
civilisées précèdent encore la création des sociétés harmoniques. Il faut à la terre l'engrais
des plantes et des animaux morts pour la
rendre productive, comme il faut à l'homme
le détritus des civilisations pourries pour le
rendre social et fraternel. Le temps récolte ce
que le temps a semé. L'avenir suppose un passé
et le passé un avenir ; le présent oscille entre
ces deux mouvements sans pouvoir garder
l'équilibre, et entraîné par un irrésistible ai-
mant du côté de l'attractif Inconnu. On ne peut
rien indéfiniment contre le Progrès. C'est un
poids fatal qui entraînera toujours et malgré
tout l'un des plateaux de la balance. On peut
bien le violenter momentanément, opérer une
secousse en sens inverse, lui faire subir une
pression réactionnaire ; la pression expirée, il
ne reprend qu'avec plus de force son inclinai-
son naturelle, et n'en affirme qu'avec plus de

vigueur la puissance de la Révolution. Ah! au lieu de nous accrocher avec rage à la branche du Passé, de nous y agiter sans succès et d'y ensanglanter notre impuissance, laissons-donc le balancier social plonger librement dans l'Avenir. Et, une main appuyée aux cordages, les pieds sur le rebord du plateau sphérique, ô toi, gigantesque aéronaute qui as le globe terrestre pour nacelle, Humanité, ne te bouche pas les yeux, ne te rejette pas à fond de cale, ne tremble pas ainsi d'effroi, ne te déchire pas la poitrine avec tes ongles, ne joins pas les mains en signe de détresse : la peur est mauvaise conseillère, elle peuple la pensée de fantômes. Soulève, au contraire, le voile de tes paupières et regarde, aigle, avec ta prunelle : vois et salue les horizons sans bornes, les profondeurs lumineuses et azurées de l'Infini, toutes ces magnificences de l'universelle anarchie. Reine, qui as pour fleurons à ta couronne les joyaux de l'intelligence, oh ! sois digne de ta souveraineté. Tout ce qui est devant toi c'est ton domaine, l'immensité c'est ton empire. Entres-y, humaine vétusté, montée sur le globe terrestre, ton aérostat triomphal, et entraînée par les colombes de l'attraction. Debout, blonde souveraine, — mère, non plus cette fois de l'enfant infirme d'un amour aveugle et armé de flèches empoisonnées, mais bien au contraire d'hommes en possession de tous leurs sens, d'amours lucides et armés d'un esprit comme de bras productifs. Allons, Majesté, arbore à ta proue ton pavillon de pourpre, et vogue, diadème en tête et sceptre à la main, au milieu des acclamations de l'Avenir !...

Deux fils de la Bourgeoisie, qui ont en partie abdiqué leur éducation bourgeoise et ont fait vœu de liberté, Ernest Cœurderoy et Octave Vauthier, tous deux dans une brochure, *la Barrière du Combat*, et l'un d'eux dans son livre *la Révolution dans l'homme et dans la société*, prophétisent la régénération de la société par l'invasion cosaque. Ils se fondent, pour formuler ce jugement, sur l'analogie qu'ils voient exister entre notre société en décadence et la décadence romaine. Ils affirment que le socialisme ne s'établira en Europe qu'autant que l'Europe sera une. Au point de vue absolu, oui, ils ont raison d'affirmer que la liberté doit être partout ou n'est nulle part. Mais ce n'est pas seulement en Europe, c'est par tout le globe que l'unité doit se faire avant que le socialisme dans sa catholicité, étreignant le monde entier de ses racines, puisse s'élever assez haut pour abriter l'Humanité des sanglants orages, et lui faire goûter les charmes de l'universelle et réciproque fraternité. Pour être logique, ce n'est pas seulement l'invasion des Cosaques sur la France qu'il faudrait ap-

peler, c'est aussi l'invasion des Cipayes de
l'Indoustan, des multitudes chinoises, mongo-
les et tartares, des sauvages de la Nouvelle-
Zélande et de la Guinée, d'Asie, d'Afrique et
d'Océanie ; celle des Peaux-Rouges, des deux
Amériques et des Anglo-Saxons des Etats-
Unis, plus sauvages que les Peaux-Rouges ; ce
sont toutes ces peuplades des quatre parties
du monde qu'il faudrait appeler à la conquête
et à la domination de l'Europe. Mais non. Les
conditions ne sont plus les mêmes. Les moyens
de communication sont tout autres qu'ils n'é-
taient du temps des Romains ; les sciences ont
fait un pas immense. Ce n'est pas seulement
des bords de la Neva ou du Danube que surgi-
ront désormais les hordes de Barbares appelées au sac de la Civilisation, mais des bords
de la Seine et du Rhône, de la Tamise et du
Tage, du Tibre et du Rhin. — C'est du creux
sillon, c'est du fond de l'atelier, c'est charriant,
dans ses flots d'hommes et de femmes, la four-
che et la torche, le marteau et le fusil ; c'est
couvert du sarreau du paysan et de la blouse
de l'ouvrier ; c'est avec la faim au ventre et la
fièvre au cœur, mais sous la conduite de l'Idée,
cet Attila de l'invasion moderne ; c'est sous le
nom générique de prolétariat et en roulant ses
masses avides vers les centres lumineux de
l'utopique Cité ; c'est de Paris, Londres,
Vienne, Berlin, Madrid, Lisbonne, Rome,

Naples, que, soulevant ses vagues énormes et poussé par sa crue insurrectionelle, débordera le torrent dévastateur. C'est au bruit de cette tempête sociale, c'est au courant de cette inondation régénératrice que coulera la Civilisation en décadence. C'est au souffle de l'esprit novateur que l'océan populaire bondira de son gouffre. C'est la tourmente des idées nouvelles qui. . . . .

. . . . . passera avec son niveau de fer et de feu sur les ruines. . . . .

. . . .

. . . .

. . . .

. . . . Ce n'est pas les ténèbres cette fois, que les Barbares apportent au monde, c'est la lumière. Les anciens n'ont pris du christianisme que le nom et la lettre, ils en ont tué l'esprit ; les nouveaux ne confesseront pas absolument la lettre, mais l'esprit du socialisme. Là où ils pourront trouver un coin de terre sociale, ils y planteront le noyau de l'arbre Liberté. Ils y installeront leur tente, la naissante tribu des hommes libres. De là ils projetteront les rameaux de la propagande partout où elle pourra s'étendre. Ils grandiront en nombre et en force, en progrès scientifiques et sociaux. Ils envahiront, pied à pied, idée à idée, toute l'Europe, du Caucase au mont Hécla et de Gibraltar aux monts Oural. Les tyrans lutteront en vain. Il faudra que l'oligarchique Civilisation cède le terrain à la marche ascendante de l'Anarchie Sociale. L'Europe conquise et librement organisée, il faudra que l'Amérique se socialise à son tour. La république de l'Union, cette pépinière d'épiciers qui s'octroie bénévolement le surnom de république modèle et dont toute la grandeur consiste dans l'étendue du territoire ; ce cloaque où se vautrent et croassent toutes les crapuleries du mercantilisme, flibusteries de commerce et pirateries de chair humaine ; ce repaire de toutes les hideuses et féroces bêtes que l'Europe révolutionnaire aura rejetées de son sein, dernier rempart de la civilisation bourgeoise, mais où, aussi, des colonies d'Allemands, de révolutionnaires de toutes nations, établies à l'intérieur, auront piqué en terre les jalons du Progrès, posé les premières assises des reformes sociales ; ce colosse informe, cette république au cœur de minerai, au front de glace, au cou goîtreux, statue du crétinisme dont les pieds posent sur une balle de coton et dont les mains sont armées d'un fouet et d'une Bible ; harpie qui porte suspendus aux lèvres un couteau et un revolver ; voleuse comme une pie, meurtrière comme un tigre ; vampire aux soifs bestiales et à qui il faut toujours de l'or ou du sang à sucer... la Babel américaine enfin, tremblera sur ses fondements.

Du Nord au Sud et de l'Est à l'Ouest tonnera la foudre des insurrections. La guerre prolétarienne et la guerre servile feront craquer les Etats . . . .

. . . .

. . . .

. . . .

. . . . La monstrueuse Union Américaine, la République fossile, disparaîtra dans ce cataclysme. Alors la République des Etats-Unis sociaux d'Europe enjambera l'Océan et prendra possession de cette nouvelle conquête. Noirs et blancs, créoles et peaux-rouges fraterniseront alors et se fondront dans une seule et même race. Les régicides et les prolétaricides, les amphibies du libéralisme et les carnivores du privilège reculeront comme les caïmans et les ours devant le progrès de la liberté sociale. Les gibiers de potence comme les fauves des forêts redoutent le voisinage de l'homme. La fraternité libertaire effarouche les hôtes de la Civilisation. Ils savent que là où le droit humain existe il n'y a pas place pour l'exploitation. Aussi s'enfuiront-ils jusqu'aux fins fonds des bayous, jusque dans les antres vierges des Cordillères.

Ainsi le socialisme d'abord individuel, puis communal, puis national, puis Européen, de ramification en ramification et d'envahissement en envahissement, deviendra le socialis-

me universel. Et un jour il ne sera plus
question ni de petite République française, ni
de petite Union américaine, ni même de petits
Etats-Unis d'Europe, mais de la vraie, de la
grande, de la sociale République humaine,
une et indivisible, la République des hommes
à *l'état* libre, la République des individualités-
unies du globe.

P. L'Hoste — Imprimerie de la Bibliothèque des Temps Nouveaux
51, rue des Eperonniers. Bruxelles.

www.ingramcontent.com/pod-product-compliance
Lightning Source LLC
Chambersburg PA
CBHW072233270326
41930CB00010B/2107